Wege aus Eisen
in Salzburg und Kärnten

PETER WEGENSTEIN

Wege aus Eisen in Salzburg und Kärnten

Zur Eisenbahngeschichte der beiden Länder

W-H EDITION WINKLER-HERMADEN

Zum Umschlagbild:

Am 9. Juli 2009 fährt 1044 013 mit EC 691 über die 396 Meter lange Falkensteinbrücke Richtung Schwarzach-St. Veit.
Die Brücke wurde am 2. Juli 1974 in Betrieb genommen.

Satz und Layout: Ecker-Design, A-2020 Hollabrunn
Gedruckt in der EU bei Finidr s.r.o.
www.edition-wh.at
ISBN 978-3-9504937-1-9

Inhalt

Streckenskizze der Eisenbahnen in Salzburg und Kärnten 2021

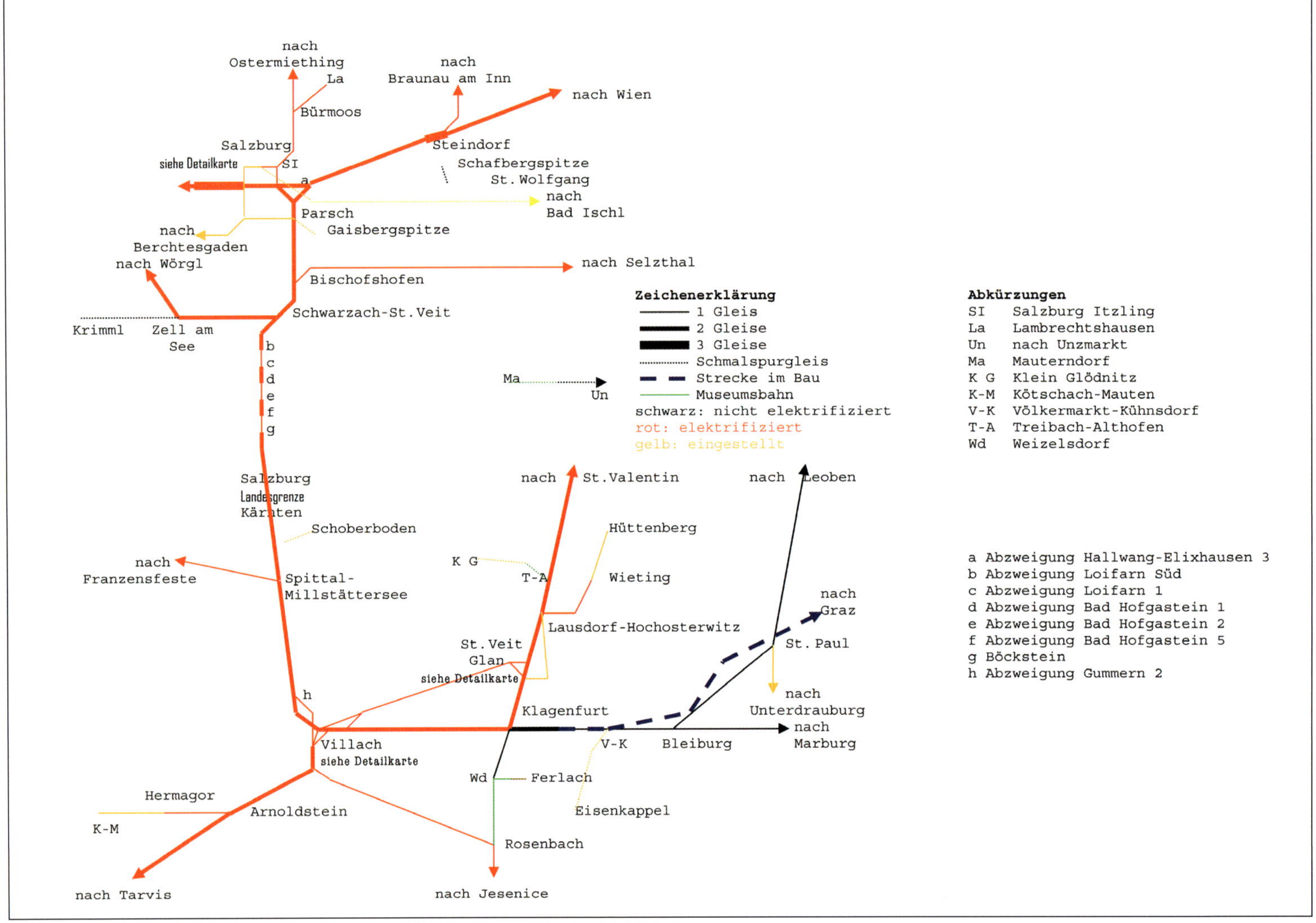

Einleitung

Salzburg und Kärnten lagen in der Monarchie im Unterschied zu heute nicht an den Hauptrouten des Verkehrs und erhielten daher erst 1860 und 1863 die ersten Eisenbahnstrecken.

Dieses Buch stützt sich in seinem Textteil auf die amtlichen Unterlagen über den Schienenverkehr. Es sind dies das „Notizenblatt für Eisenbahn- und Dampfschifffahrt-Unternehmungen“ (1860, 1861), das „Centralblatt für Eisenbahnen und Dampfschifffahrt in Österreich“ (1862–1869), das „Centralblatt für Eisenbahnen und Dampfschifffahrt der Österreichisch-Ungarischen Monarchie“ (1870–1887), das „Verordnungs-Blatt für Eisenbahnen und Schifffahrt“ (1888–1924) sowie das „Anzeigeblatt für Verkehr“ (ab 1924). Geschäftsberichte der Bahngesellschaften, Nachrichtenblätter der einzelnen Bahn-Direktionen sowie Akten aus dem Österreichischen Staatsarchiv und Artikel aus Tageszeitungen halfen mir, ein umfassendes Bild der Geschichte der Eisenbahnen zu erstellen.

Für die Illustration dieses Buches konnte ich neben eigenen Fotografien auf Fotos passionierter Eisenbahnfotografen zurückgreifen. Ein großes Dankeschön an diese Unterstützer. Die abgebildeten Fahrkarten stammen aus meiner eigenen Sammlung.

Insgesamt umfasst der Zeitraum, von dem in diesem Buch berichtet wird, 161 Jahre, in denen sich die Schreibweise vieler Namen von Betriebsstellen verändert hat. Bei den noch existierenden Betriebsstellen wird daher die derzeitige offizielle Schreibweise der Bahnverwaltung verwendet, bei aufgelassenen Betriebsstellen die Schreibweise zum Zeitpunkt der Auflassung.

Ein wesentliches technisches Detail bei Eisenbahnen ist die Spurführung. Die Räder der Fahrzeuge werden auf einem bestimmten Untergrund (Schienen) geführt. Bei Villach ist die Urform der Spurführung von Fahrzeugen in Form der Römerstraße mit den tief eingegrabenen Spurrillen bis heute erkennbar. In der Stadt Salzburg gibt es heute noch mit dem Reiszug das älteste und am längsten bestehende spurgebundene Verkehrsmittel Österreichs. Er wurde zur Versorgung der Festung Hohensalzburg gebaut, 1460 erstmals erwähnt und führt vom Benediktinerstift Nonnberg durch mehrere Tore in den Festungsmauern bis hinauf zur Festung. Ursprünglich wurde auf einer Bahn aus Holzbohlen ein schlittenähnliches Fahrzeug bewegt. Der Antrieb erfolgte durch einen Klöppel, der von Menschen oder Tieren bewegt wurde. Im 19. Jahrhundert erneuerte man die Anlage und ersetzte die Holzbohlen durch Schienen mit 1553 Millimeter Spurweite, auf denen ein Fahrzeug mit Rädern unterwegs war. Seit 1988 ist die 190 Meter lange Bahn eine Standseilbahn für den Gütertransport und beschränkt öffentlichen Personenverkehr mit 1435 Millimeter Spurweite.

Das Foto vom 30. Mai 2014 zeigt die bei Warmbad Villach in den Felsen tief eingeschnittenen Fahrrillen der Fuhrwerke, die man als Vorläufer der Spurführung betrachten kann.

Am 27. August 2019 entstand dieses Bild des Sackaufzugs in Mont-Saint-Michel in Frankreich. Der ursprüngliche Reiszug in Salzburg war gleich gebaut. Auf den beiden Längsbalken liegt die Transportplattform, auf der das Transportgut befestigt wird. Die seitlich nach unten reichenden Balken führen die Transportplattform in der Spur. Der Antrieb erfolgte durch Aufwickeln der Kette (oder des Seils) auf eine Trommel und geschah durch ein Tretrad in Mont-Saint-Michel beziehungsweise einen Klöppel in Salzburg.

Eisenbahnen bekamen in ganz Österreich den gleichen technischen Standard vorgeschrieben: Normalspur, große Bogenradien, aufwendiger Oberbau, Sicherung aller Eisenbahnkreuzungen, Bahnwärterdienst und so weiter. Dadurch waren Bau und Betrieb einer Bahn teuer und rentierten sich nur dort, wo mit einem großen Verkehrsaufkommen gerechnet werden konnte.

Aufgrund der Wirtschaftskrise, ausgelöst durch den Zusammenbruch der Börse am 9. Mai 1873, kam der Ausbau des Eisenbahnnetzes fast vollständig zum Erliegen. Daher führte man Nebenbahnen mit geänderten Bauvorschriften (Zulassung kleiner Bogenradien, Verzicht auf Schrankenanlagen und Bahnwärterdienst, einfacherer Oberbau und so weiter) ein. Aufgrund dieser Erleichterungen wurde die Höchstgeschwindigkeit der Züge reduziert (anfänglich auf 12 km/h, im Laufe der Zeit wurde erhöht). Diese Vorgangsweise ermöglichte auch bei mäßigem Verkehrsaufkommen den wirtschaftlichen Bau und Betrieb von Bahnen mit regionalen Aufgaben. Hauptbahnen werden bis heute den ursprünglichen Vorschriften entsprechend gebaut und betrieben, Nebenbahnen nach den vereinfachten Vorgaben errichtet.

Am 29. Oktober 1918 kam es zum Zusammenschluss der südslawischen Gebiete zu einem unabhängigen Staat. Der Staat der Slowenen, Kroaten und Serben beanspruchte in der Folge Südkärnten, Villach, Klagenfurt und das Zollfeld. Am 29. April 1919 begann der Vormarsch der südslawischen Truppen in Kärnten, was massive Auswirkungen auf die Eisenbahnen in Kärnten hatte. Die Besetzung des Bahnhofs Rosenbach am 28. Mai 1919 führte zu Betriebsbehinderungen und Streckensperren. Betroffen waren die Bahnen Richtung Süden ab Wolfsberg, St. Veit an der Glan und Villach. Ab 11. Juni 1919 führte die Direktion Laibach mit südslawischem Personal den Betrieb einiger Strecken. Erst nach der Volksabstimmung in Kärnten vom 10. Oktober 1920 war der Spuk vorbei, und ab 30. Oktober 1920 standen wieder alle Bahnen als österreichische Eisenbahnen in Betrieb.

Eisenbahnkarte der Republik Österreich (Ausschnitt) aus dem Jahr 1922.

Die Hauptbahnen in Salzburg

Von Landesgrenze bei Ederbauer bis Staatsgrenze nächst Salzburg (39,691 Kilometer)

Die aus Wien kommende Westbahn überschreitet in Kilometer 277,790 die Landesgrenze von Oberösterreich nach Salzburg und passiert nach 400 Metern im Bahnhof Ederbauer in 600,7 Meter Seehöhe den höchsten Punkt zwischen Wien und Salzburg. Nun fällt die Strecke wieder ab und gelangt von Kilometer 281,290 bis 282,850 nochmals nach Oberösterreich. Weiter geht es in westlicher Richtung, dann entlang des Nordrands des Wallersees und anschließend entlang der Fischach bis zum Hauptbahnhof Salzburg. Die nach München führende bayerische Bahn verlässt am Westende den Hauptbahnhof, passiert die Brücke über die Salzach und gelangt durch die Stadt weiter bis nach Salzburg Liefering. Auf der Brücke über die Saalach befindet sich in der Brückenmitte in Kilometer 82,757 (von Rosenheim gemessen) beziehungsweise in Kilometer 319,037 (von Wien gemessen) die Staatsgrenze.

Die ersten Eisenbahnen in Österreich führten vom Norden in den Süden der Monarchie. 1838 entstand der Wunsch nach einer Eisenbahn von Wien nach Bayern, der 1841 in einem Hofdekret verankert wurde. Im Staatsvertrag vom 21. Juni 1851 verpflichteten sich Österreich und Bayern, Bahnen von Wien über Salzburg nach Bayern und von Wels über Passau nach Bayern zu bauen. Dabei war vorgesehen, dass die Strecke ab der Staatsgrenze bis Passau durch Österreich und ab Salzburg durch Bayern gebaut und betrieben wird.

Zur Realisierung des Projekts wurde am 8. März 1856 die Konzession erteilt und am 21. Juni 1856 die k. k. priv. Kaiserin Elisabeth-Bahn gegründet. Die Bauarbeiten an der Strecke von Wien bis Salzburg begannen am 31. Juli 1856 bei Wien und 1858 im Land Salzburg.

Am Streckenabschnitt in Salzburg wurde am 20. Juli 1860 der Güterverkehr und am 1. August 1860 der Personenverkehr aufgenommen. Die feierliche Eröffnung der gesamten Strecke von Wien nach Salzburg einschließlich des aus Bayern kommenden Streckenabschnitts von der Staatsgrenze bis Salzburg fand am 12. August 1860 unter Anwesenheit des österreichischen Kaisers und des Königs von Bayern in Salzburg statt.

Die gesamte Strecke erhielt den Unterbau für zwei Gleise, wobei man aber nur ein Gleis verlegte. Der Hauptbahnhof Salzburg wurde als Grenzbahnhof gebaut, besaß ein Aufnahmsgebäude, dessen Grundbau heute noch vorhanden ist, und vier durchgehende Gleise für die Personenzüge. In der Mitte des Aufnahmsgebäudes endeten von Osten her die österreichischen und begannen Richtung Westen die bayerischen Anlagen. Jede Bahnverwaltung hatte eine eigene Zugförderungsanlage, eigene Magazine und eigene Gleisgruppen.

Wirtschaftliche Probleme erforderten ab 1873 eine stetig steigende staatliche Unterstützung der Kaiserin Elisabeth-Bahn. Am 1. Jänner 1881 übernahm die Staatsverwaltung den Betrieb und am 1. Jänner 1882 das Eigentum aller Strecken der Gesellschaft.

1885 kam es mit dem Bau einer neuen Lokwerkstätte für Österreich zu einer Erweiterung im Hauptbahnhof in Salzburg, 1901 wurde das elektrische Licht eingeführt. Danach war der großzügige Umbau der Bahnanlagen in Salzburg erforderlich. Von 1901 bis 1904 errichtete man in Salzburg Gnigl einen neuen Güterbahnhof mit einer eigenen Zugförderungsanlage samt Werkstätte. Der Bahnhof und der direkte Anschluss zur Westbahn bei der Abzweigung Hallwang-Elixhausen 3 wurden am 2. Jänner 1905 in Betrieb genommen.

Der zweigleisige Ausbau der Westbahn im Land Salzburg erfolgte abschnittsweise ab 1. Oktober 1901 und wurde am 4. November 1902 abgeschlossen.

Am 8. Februar 1904 begann der Umbau des Hauptbahnhofs. 1905 war die neue Zugförderungsanlage fertig, am 30. April 1906 die neue Einfahrt für Züge aus Richtung Wörgl und am 21. Juni 1906 für jene aus Wien. Vom 19. Februar 1907 bis 4. Juli 1909 errichtete man den Zentralbahnsteig. Damit gab es drei Bahnsteiggleise für den durchgehenden Verkehr und je fünf Stumpfgleise für den Lokalverkehr nach Österreich und Bayern.

Bayern gehörte zu den Pionieren des elektrischen Betriebs. Ab 11. Juni 1914 gab es elektrischen Betrieb für den Personenverkehr über die Grenze bis zum Hauptbahnhof in Salzburg. Dafür wurden am Hauptbahnhof nur wenige für den Personenverkehr erforderliche Gleise mit Oberleitung ausgerüstet. Technische Probleme führten zur Abschaltung der Oberleitung vom 3. August 1914 bis 24. April 1916, seitdem ist sie bis heute in Betrieb. Erst 1926 wurden am Hauptbahnhof die Gleise für den Güterverkehr nach Bayern mit einer Fahrleitung ausgerüstet. Am 16. September 1929 erfolgte auf der Strecke nach Wörgl und auf einigen Gleisen in Gnigl die Aufnahme des elektrischen Betriebs. Am 4. Juni 1937 starteten die Vorarbeiten zur Elektrifizierung der Westbahn bis Wien und für den Ausbau auf bis zu 120 km/h Streckenhöchstgeschwindigkeit. Dabei wurden die Bahnhöfe erweitert und der Fahrleitungsbau bis Attnang-Puchheim begonnen. Am 20. März 1940 ging die Fahrleitung vom Hauptbahnhof und von Salzburg Gnigl bis Kilometer 310,6 vor der Abzweigung Hallwang-Elixhausen 3 in Betrieb. Die Umstellung auf elektrischen Betrieb bis Attnang-Puchheim sollte am 6. Oktober 1940 stattfinden, musste aber wegen eines Trafoschadens im Unterwerk Steindorf auf den 6. Dezember 1940 verschoben werden. Kriegsbedingt unterblieb der Weiterbau.

Ab 1. Jänner 1939 entfiel die Zollbehandlung der Güterzüge im Hauptbahnhof, sie konnten nun direkt bis Salzburg Gnigl durchfahren. Dazu wurde die Gleisanlage in beiden Bahnhöfen geändert und am 23. Mai 1942 eine elektrifizierte zweigleisige Verbindung in Betrieb genommen. Besondere Projekte in der Zeit von 1938 bis 1945 waren der Ausbau der Bahnhöfe Ederbauer 1939 bis 1942 und Hallwang-Elixhausen 1939 bis Juli 1942. Das im Staatsbesitz befindliche Schloss Kleßheim sollte für Staatsbesuche genützt werden. Dazu baute man für die Regierungszüge in Schlossnähe den Bahnhof Salzburg Liefering mit vier Gleisen. Ab 1. Juni 1943 stand er in Betrieb.

Während des Zweiten Weltkrieges verursachten Bombenangriffe schwere Schäden am Hauptbahnhof, die bis 1953 behoben werden konnten. Der Bahnhof Salzburg Liefering blieb nach Kriegsende zwar bestehen, doch am 20. September 1949 explodierte im Keller des Stellwerksgebäudes der örtliche Transformator und zerstörte das Gebäude. Aus diesem Grund wurde der Bahnhof am 5. Oktober 1949 in eine Ladestelle rückgebaut.

Nach Beseitigung der Kriegsschäden verbesserte man die Bahnanlagen und hob die Streckenhöchstgeschwindigkeit in einigen Abschnitten auf bis zu 140 km/h an. Den Betrieb am Streckenabschnitt von Salzburg Hauptbahnhof bis zur Staatsgrenze nach Bayern führte bis zum 13. Mai 1996 die Deutsche Bahn, danach die Österreichischen Bundesbahnen.

Ab 2006 begann der Ausbau des Nahverkehrs im Bereich der Stadt Salzburg. Als Erstes erhielt die Strecke vom Hauptbahnhof bis Salzburg Liefering am 11. Oktober 2007 ein drittes Streckengleis, das am 24. August 2017 über die Staatsgrenze bis Freilassing verlängert wurde. Zwischen 7. November 2008 und 7. November 2014 erfolgte der Umbau des Hauptbahnhofs. Dabei wurden die Gebäude am Zentralbahnsteig abgetragen und unter dem Hallendach Bahnsteige errichtet, sodass heute neun Bahnsteigkanten zur Verfügung stehen.

Derzeit baut man die Strecke bis Steindorf bei Straßwalchen für den Nahverkehr aus, seit 22. November 2020 ist das dritte Streckengleis von Steindorf bei Straßwalchen bis Neumarkt am Wallersee in Betrieb.

Am 29. April 1994 durchfährt der aus Salzburg kommende 1044 119 mit IC 565 „Alemannia“ den Bahnhof Hallwang-Elixhausen. Der heutige Bahnhof wurde 1880 als Haltestelle in Betrieb genommen und erst 1902 zum Bahnhof ausgebaut, 1942 erweitert und 2015 in die heutige Form gebracht.

Der mit E 16 12 bespannte Personenzug Richtung Rosenheim wartet am 30. August 1956 am Hauptbahnhof in Salzburg auf die Abfahrt. Der Zug steht auf einem der Stumpfgleise am bayerischen Teil des Bahnhofs. Hinter dem Zug erkennt man das aus 1909 stammende Mittelgebäude und das heute noch vorhandene Hallendach.

Von Salzburg bis Landesgrenze in Hochfilzen (129,664 Kilometer)

Die Strecke von Salzburg nach Wörgl führt vom Hauptbahnhof in Salzburg Richtung Norden, gelangt in einem Bogen um die Stadt nach Süden und erreicht bei Aigen die Salzach. Im Salzachtal verläuft sie bis Bruck-Fusch, biegt nach Norden ab, gelangt neben dem Zeller See, danach neben der Saalach bis Saalfelden, wo sie sich nach Westen wendet und am Fuße der Leoganger Steinberge mit bis zu 20 Promille bis Hochfilzen ansteigt. In diesem Bahnhof befindet sich in Kilometer 129,664 die Landesgrenze von Salzburg und Tirol.

Für den Bau des ersten Abschnitts von Salzburg nach Hallein erhielt die Halleiner Bahn am 9. September 1869 die Konzession. Die Arbeiten begannen im April 1870, die Prüfung erfolgte am 21. Juni 1871 und die Eröffnung am 15. Juli 1871. Den Betrieb der eingleisigen Bahn führte die Kaiserin Elisabeth-Bahn.

Die Verbindung von Salzburg ins Inntal sollte ursprünglich durch eine Gesellschaft mit dem Namen Gisela-Bahn geschaffen werden. Letztlich erhielt die Kaiserin Elisabeth-Bahn am 10. November 1872 die Konzession für diese Strecke als Fortsetzung der Bahn von Salzburg nach Hallein. 1873 begannen die Arbeiten. 1874 kam es beim nach dem Bahnhof Lend liegenden Unterstein-Tunnel zu einem Bergsturz, der den Tunnel zerstörte und zum Bau einer provisorischen Trasse um den Berg führte. Die Prüfung der gesamten Bahn, bei der viele Mängel festgestellt wurden, fand vom 13. bis 29. Juli 1875 statt. Bei der Eröffnung der Bahn am 6. August 1875 nützte man eine Fahrt des deutschen Kaisers Wilhelm I. von Salzburg bis Lend als Eröffnungszug. Wilhelm I. wollte an diesem Tag mit dem Zug bis Lend und dann auf der Straße nach Gastein zur Kur zu fahren. Die Behörde und das österreichische Kaiserhaus genehmigten das Vorhaben der Bahnbetreiber unter der Bedingung, dass Wilhelm I. keinen offiziellen Akt setzen dürfe. Am Tag der Eröffnung der Strecke von Hallein nach Wörgl übernahm die Kaiserin Elisabeth-Bahn auch das Eigentum der Halleiner Bahn.

Vom 9. Jänner 1876 bis 11. Mai 1878 erfolgte der Bau des neuen Unterstein-Tunnels und danach die Inbetriebnahme der endgültigen Trasse. Ein neuerlicher Felssturz beschädigte am 10. März 1896 den Tunnel, am 17. März 1896 ging eine provisorische Umfahrung bis zur Sanierung des 463 Meter langen Tunnels in Betrieb.

Im Zuge der Erweiterung der Bahnanlagen in Salzburg wurde am 2. Jänner 1905 der Verschiebebahnhof Salzburg Gnigl in Betrieb genommen. Das zweite Streckengleis stellte man abschnittsweise vom 1. Mai 1909 bis 8. Dezember 1915 fertig.

Nach dem Ersten Weltkrieg setzte man Pläne um, den Kohleverbrauch durch die Elektrifizierung von Strecken zu senken, und begann damit im Westen Österreichs. Die Inbetriebnahme des elektrischen Betriebs zwischen Saalfelden und der Landesgrenze

1010.19 verlässt im Bahnhof Salzburg Gnigl mit einem Güterzug die Gleisgruppe, in die abgerollt wird, und fährt am 29. April 1975 weiter Richtung Bischofshofen. Am Hügel im Bildhintergrund ist die Wallfahrtskirche Maria Plain zu sehen.

Den Bahnhof Bischofshofen verlassen am 7. Oktober 1995 4030 302, 7030 und 6030 als Regionalzug 5008 Richtung Wörgl. Das Aufnahmsgebäude in Bischofshofen steht am Mittelbahnsteig und wurde am 11. Oktober 1908 eröffnet.

1141.25 und Personenzug 5006 verlassen bei der Fahrt Richtung Wörgl am 13. September 1975 Mitterberghütten.

Am 18. Juni 1953 verlässt 1020.10 mit D 221 den Tunnel vor dem Bahnhof Taxenbach-Rauris. Dieser Tunnel gehört zum zweiten Streckengleis, das hier aus topografischen Gründen abseits der ursprünglichen Strecke gebaut werden musste.

erfolgte am 3. April 1928, zwischen Salzburg und Schwarzach-St. Veit am 16. September 1929, zwischen Schwarzach-St. Veit und Saalfelden am 11. März 1930.

Während des Zweiten Weltkrieges erfolgte die Vergrößerung des Bahnhofs Salzburg Gnigl. Die Gleiserweiterungen waren im Mai 1942 fertig, die Bauarbeiten des neuen Einfahrbahnhofs mit sieben Gleisen wurden noch vor 1945 abgeschlossen.

Nach dem Krieg modernisierte man die Strecke, ab 1966 ermöglichten Linienverbesserungen in mehreren Bereichen eine Streckenhöchstgeschwindigkeit bis zu 130 km/h. Den Bahnhof Salzburg Gnigl gestaltete man zeitgemäß um, im Dezember 1972 gingen die Gleisbremsen und am 28. Oktober 1975 die automatische Ablaufsteuerung in Betrieb. 2002 startete der Ausbau des Nahverkehrs im Bereich Salzburg. Der Nahverkehr von Golling-Abtenau über Salzburg Hauptbahnhof bis Berchtesgaden wurde am 17. Juni 2006 feierlich eröffnet. Weitere Ausbauten sind in Zukunft zu erwarten.

Am 23. Juli 1953 verlässt 1040.11 mit Personenzug 1011 den Bahnhof Schwarzach-St. Veit und fährt nun neben der Salzach weiter Richtung Zell am See.

Von der Landesgrenze bei Mandling bis Bischofshofen (32,724 Kilometer)

Die Strecke führt von Selzthal entlang der Enns aufwärts und überschreitet in Kilometer 32,724 beim Bahnhof Mandling die Landesgrenze von Salzburg und Steiermark. Bei Altenmarkt im Pongau verlässt die Bahn die Enns und steigt bis Eben im Pongau an. Dann fällt sie mit bis zu 28 Promille entlang des Fritzbaches ins Salzachtal ab und endet im Bahnhof Bischofshofen der Strecke von Salzburg nach Wörgl.

Der Plan einer Eisenbahnverbindung von Salzburg Richtung Süden tauchte immer wieder auf. Nach Fertigstellung der Strecke von St. Valentin nach Villach wurde von der Kaiserin Elisabeth-Bahn schließlich eine Verbindung von Bischofshofen nach Selzthal (mit Anschluss Richtung Villach) realisiert. Die Konzessionserteilung dafür erfolgte am 10. November 1872, 1873 war Baubeginn. Nach der Prüfung am 29. Juli 1875 ging die eingleisige Strecke am 6. August 1875 in Betrieb.

1938 forderte das neue Regime den zweigleisigen Streckenausbau. Dazu begannen am 27. September 1940 die Bauarbeiten. Zuerst wurden sechs etwa 1 Kilometer lange Abschnitte verwirklicht und als Betriebsausweichen Fritzbach (1941–30. Dezember 1947), Oberpöham (1941–1948), Gasthof (2. April 1941–30. Dezember 1947), Altenmarkt im Pongau (2. April 1941–9. Mai 1948) und Ennswald-Forstau (27. März 1941–7. Februar 1948) in Betrieb genommen. Danach endeten kriegsbedingt die Bauarbeiten. In der Nachkriegszeit sank das Verkehrsaufkommen, was zur Auflassung der Betriebsausweichen führte.

In den Elektrifizierungsplänen war die Strecke enthalten. In einem ersten Schritt wurde die Rampe mit bis zu 28 Promille Steigung von Bischofshofen bis Eben im Pongau elektrisch ausgerüstet. Die Fahrleitung stand ab 29. September 1951, 7 Uhr, unter Spannung, die Betriebsaufnahme erfolgte am 1. Oktober 1951. Nach der Sanierung der weiteren Strecke wurde am 21. Juni 1958 der elektrische Betrieb von Eben im Pongau über die Landesgrenze bis Schladming und am 27. Mai 1959 von Schladming nach Selzthal aufgenommen.

Heute ist die Strecke eine moderne Bahn, auf der Geschwindigkeiten bis zu 120 km/h gefahren werden können.

Nach der Ausfahrt aus Bischofshofen passieren am 31. August 1954 1020.30 und 38.4109 mit Personenzug 2412 die 60 Meter lange Brücke über die Salzach. Die 1020 zieht den Zug über die nach der Brücke beginnende Steigung von 28 Promille aufwärts bis Eben im Pongau.

Den Bahnhof Pöham verlassen am 2. Juli 1956 1041.12 und 78.609 mit Personenzug 2452 Richtung Selzthal. Die hier bestehende Haltestelle wurde am 25. September 1938 zum Bahnhof erweitert.

Am 18. Juli 1957 hält 75.702 mit Güterzug 2651 im Bahnhof Mandling. Der Bahnhof erhält 1996 ein viertes Bahnhofsgleis.

Die Hauptbahn zwischen Salzburg und Kärnten

Von Schwarzach-St. Veit bis Spittal-Millstättersee (39,645 Kilometer in Salzburg, 41,252 Kilometer in Kärnten)

Die Tauernbahn zweigt in Schwarzach-St. Veit von der aus Salzburg kommenden Strecke ab, steigt mit bis zu 28 Promille an und biegt dann ins Gasteinertal ab. Diesem folgt sie nach Süden und steigt weiter an, bis sie nach dem Bahnhof Böckstein den 8,551 (heute 8,372) Kilometer langen Tauerntunnel erreicht. Im Tunnel liegt in Kilometer 39,645 die Landesgrenze von Salzburg und Kärnten und am südlichen Tunnelende der Bahnhof Mallnitz-Obervellach. Die Bahn fällt mit bis zu 27 Promille am Rande des Mölltals bis Spittal-Millstättersee ab. Hier mündet die Tauernbahn in die Südbahnstrecke von Marburg (Maribor) nach Franzensfeste ein.

1881 gab es erste Pläne einer Eisenbahn zu den Kurorten im Gasteinertal. Dabei dachte man an eine Schmalspurbahn oder eine kombinierte Reibungs- und Zahnradbahn, eventuell auch an eine elektrische Bahn. Doch erst zum Ende des Jahrhunderts wurde diese zweite Eisenbahnverbindung mit Triest realisiert. Gebaut wurde eine Normalspurbahn über die Tauern vom Salzachtal ins Drautal. In einem Gesetz vom 24. Februar 1900 wurde das Projekt eines Bahnbaus von Schwarzach-St. Veit nach Möllbrücke oder Spittal-Millstättersee veröffentlicht und der Bau angeordnet. Am 1. März 1902 wurden die Bauleitungen für die Tauernbahn gegründet. Im Dezember 1902 begannen die Bauarbeiten von Schwarzach-St. Veit bis Bad Gastein. Dabei wurde der Bahnhof Schwarzach-St. Veit aus Platzgründen verlegt und am 20. Juli 1905 am heutigen Platz in Betrieb genommen. Die Strecke bis Bad Gastein wurde am 31. August 1905 geprüft und am 8. September 1905 für den Güterverkehr sowie am 20. September 1905 für den Personenverkehr eröffnet.

Der Bau am 8550,58 Meter langen Tauerntunnel begann am 6. Juli 1901, der Durchschlag erfolgte am 21. Juli 1907, die Fertigstellung am 31. März 1909. Im Juni 1905 starteten die Arbeiten auf der restlichen Strecke, die am 27. Februar 1909 geprüft und nach Fertigstellung der noch zu erledigenden Aufgaben am 7. Juli 1909 in Betrieb genommen werden konnte. Die Strecke war mit Ausnahme des Tauerntunnels eingleisig. Beim Gleis zwischen Lendorf und Spittal-Millstättersee handelt es sich um das Streckengleis der Südbahn Richtung Oberdrauburg. Die Südbahnstrecke von Spittal-Millstättersee bis Villach wurde von der Staatsbahn im Péage-Betrieb (Mitbenützung einer Strecke durch eine zweite Bahngesellschaft) befahren. Die bei Lendorf vorgesehene Schleife Richtung Franzensfeste wurde nie gebaut.

Im Tauerntunnel und im Dössentunnel herrscht im Gegensatz zu anderen langen Alpentunnels viele Tage keine natürliche Luftströmung, da auf beiden Seiten der Luftdruck gleich ist. Dadurch halten sich gefährliche Rauchgase im Tunnel. 1913 wurden beide Tunnels mit elektrisch betriebenen Lüftungsanlagen ausgestattet. Im Tauerntunnel blieb die Anlage regulär bis zum 12. Dezember 1933 (bei einem Wagenbrand am 7. Februar 1935 letztmals eingeschaltet) in Betrieb, jene im Dössentunnel bis zum 26. April 1935.

1933 wurde die Tauernbahn auf elektrischen Betrieb umgestellt. Die Prüfung der Fahrleitung von Mallnitz bis zur Landesgrenze erfolgte am 27. November 1933, von Schwarzach-St. Veit bis zur Landesgrenze am 29. November 1933. Die Betriebsaufnahme von Schwarzach-St. Veit nach Mallnitz fand am 1. Dezember 1933 statt. Auf der Strecke von Mallnitz bis Spittal-Millstättersee erfolgte die Prüfung am 17. April 1935, die Betriebsaufnahme am 14. Mai 1935.

1938 wollte man die Kapazität der Strecke erhöhen und die Betriebsführung derart ändern, dass immer zwei bergwärts fahrende Güterzüge zu einem talwärts fahrenden vereinigt werden. Dazu mussten alle Bahnhöfe längere Gleise erhalten. Bis Februar 1941 waren in jedem Bahnhof mindestens zwei Gleise, bis Ende 1944 auch alle übrigen Gleise verlängert. Einige Sicherungsanlagen konnten nicht fertiggestellt werden, da das für die Errichtung zuständige Werk in Graffenstaden im Elsass nach der Befreiung durch die Alliierten 1944 nicht mehr zur Verfügung stand, was zu einigen großen und fertig gebauten, aber leeren Stellwerksgebäuden führte. Den größten Kriegsschaden verursachte die Zerstörung des Mühldorfer Viadukts durch einen Bombentreffer am 23. April 1945. Der Betrieb konnte am 23. Juli 1945 mittels eines Provisoriums und am 4. Oktober 1946 über die neue Brücke wieder aufgenommen werden.

Das erhöhte Verkehrsaufkommen in den 1960er-Jahren erforderte den zweigleisigen Ausbau der Strecke. Die Bauarbeiten dazu begannen im April 1968, der erste zweigleisige Abschnitt wurde am 25. Mai 1970 fertig. Seither wird die Bahn zweigleisig ausgebaut, die Abschnitte von Loifarn nach Abzweigung Loifarn 1, von Abzweigung Hofgastein 1 nach Abzweigung Hofgastein 2 und Abzweigung Hofgastein 4 bis Böckstein sind heute noch eingleisig. Bei der Erweiterung auf zwei Gleise wurde die Linienführung so verbessert, dass Abschnitte mit bis zu 130 km/h befahren werden können. Die Tauernbahn zählt heute zu den gut entwickelten Gebirgsbahnen.

Bei der Bergfahrt wird am 14. Oktober 1995 1044 212 mit IC 564 „Ingeborg Bachmann“ in Kürze den Bahnhof Loifarn erreichen. Die Strecke ist hier seit 11. Oktober 2004 zweigleisig.

Im Bahnhof Loifarn halten am 15. April 1960 1245.510 und 1089.06 mit Personenzug 3546. Das Aufnahmsgebäude ist im für die Zeit nach der Jahrhundertwende typischen Stil der Staatsbahn gebaut. Für Gebäude dieser Art gab es Grundsatzpläne, die den Bau in verschiedenster Größe gestatteten.

Am 3. März 1991 passieren 4030.242, 7030 242 und 6030 242 als Regionalzug 4945 die 110 Meter lange Brücke über die Angerschlucht. Diese Stahlbrücke wird am 25. April 2016 durch eine zweigleisige Betonbrücke ersetzt.

Bei der Fahrt des mit 1144 246 und 1116 035 bespannten DG 45 808 über das Viadukt Pyrkershöhe ist am 10. Juli 2015 auf der Schlossalmbahn Wagen 2 unterwegs. Die Schlossalmbahn war eine 1251 Meter lange Standseilbahn von Bad Hofgastein auf den Kitzstein und bestand vom 15. September 1964 bis zum 20. April 2018.

Der IC 597 „Stadt Leoben“, bespannt mit 1044 072, erreicht am 6. Mai 1999 den Bahnhof Böckstein und wird gleich in das Dunkel des Tauerntunnels eintauchen.

Am 30. August 1955 verlässt 258.903 den Tauerntunnel beim Bahnhof Böckstein. Das Gelände rechts neben dem Tunnel ist heute abgegraben und hat die Verlängerung des Bahnhofs aufgenommen.

Am 8. April 2005 wurde der erste Tunnelrettungszug präsentiert. Hier steht Transportwagen 977 0 639 vor dem ursprünglichen Portal des Tauerntunnels in Böckstein. Anlässlich der Verlängerung des Bahnhofs Böckstein verkürzte man 2001 den Tauerntunnel um 179 Meter. Das ursprüngliche Tunnelportal blieb als Denkmal erhalten.

1016 050 mit EC 110 passiert am 9. Juli 2009 die Haltestelle Oberfalkenstein. Hinter der Haltestellenhütte erkennt man das Portal des Leutschacher Tunnels, der durch die Streckenumlegung am 2. Juli 1974 außer Betrieb genommen wurde.

Am 15. August 1970 befährt 1042.501 mit Sonderzug die Pfaffenberg-Zwenbergbrücke. Die im Bau befindliche neue Brücke zeigt, wie großzügig die neuen Abschnitte gegenüber der ursprünglichen Trasse der Tauernbahn angelegt sind.

Auf der ursprünglichen Pfaffenberg-Zwenbergbrücke fahren am 15. August 1970 1245.513 und 1110.15 mit Expresszug Richtung Villach. Am 30. Juli 1971 wird der Betrieb auf die neue Brücke umgelegt und die alte Brücke im August 1990 abgetragen.

Bei der Fahrt von 8073 213 und 1216 129 als REX 1747 über die 396 Meter weite Falkensteinbrücke sieht man am 9. Juli 2009 unter dem Brückenbogen die aus 1174 stammende Burg Oberfalkenstein. Die Falkensteinbrücke wurde am 2. Juli 1974 in Betrieb genommen.

Die Hauptbahnen in Kärnten

Von der Landesgrenze bei Wildbad-Einöd bis zur Staatsgrenze nächst Thörl-Maglern (111,089 Kilometer)

Die aus St. Valentin kommende Strecke passiert nach Wildbad-Einöd in Kilometer 289,956 die Landesgrenze von Steiermark und Kärnten und folgt Richtung Süden dem Metnitzbach sowie der Gurk. Bei Launsdorf-Hochosterwitz wendet sich die Strecke nach Westen und folgt nun der Glan, passiert St. Veit an der Glan und verläuft ab Steindorf nördlich des Ossiacher Sees bis St. Ruprecht. Richtung Süden geht es weiter nach Villach, dort wird die Drau überbrückt und die Stadt umfahren. Nach der Brücke über die Gail biegt die Strecke nach Westen ab, verläuft südlich von Villach Süd Großverschiebebahnhof weiter und steigt am Fuße der Karawanken mit bis zu 20 Promille zur heutigen Staatsgrenze nach Thörl-Maglern in Kilometer 401,045 an.

1860 wurde das Projekt einer Mitteleuropäischen Bahnverbindung in einem Majestätsgesuch (einem Ansuchen beim Kaiserhaus) vorgelegt. Zur Realisierung des Projekts und für den Betrieb der Bahn wurde am 3. August 1865 die k. k. priv. Kronprinz Rudolf-Bahn ins Handelsregister eingetragen und am 11. November 1866 die Konzession für die Strecke von St. Valentin über St. Michael, die Landesgrenze und St. Veit an der Glan nach Villach sowie für mehrere Flügelbahnen erteilt.

Am Streckenabschnitt von St. Michael über die Landesgrenze nach Villach begannen die Bauarbeiten im Juni 1867, die Prüfung erfolgte vom 12. bis 15. Oktober 1868, die Eröffnung am 19. Oktober 1868. Der Abschnitt von Villach über die heutige Staatsgrenze bis Tarvis erhielt am 24. April 1871 die Konzession. Am 20. November 1873 erfolgte die Prüfung, am 25. November 1873 die Eröffnung.

Die gesamte Strecke war zum Zeitpunkt der Eröffnung eingleisig. In Villach wurde der bestehende Hauptbahnhof der Südbahn mitverwendet und ein neuer Frachtenbahnhof, der heutige Westbahnhof, bei der Eröffnung 1873 in Betrieb genommen.

Der Ausbau des Streckennetzes und fehlende Einnahmen durch die Wirtschaftskrise führten zur Überschuldung der Gesellschaft. Am 24. Dezember 1879 stellte der Staat die Gesellschaft unter Zwangsverwaltung. Die Staatsbahn übernahm am 1. Jänner 1880 den Betrieb, die eigentliche Verstaatlichung folgte am 1. Jänner 1884. Die Staatsbahn sanierte die Bahnanlagen und modernisierte den Betrieb.

1042.510 mit D 596 am 2. September 1967 im Bahnhof Treibach-Althofen. Im Bildhintergrund gut zu sehen ist der Obere Markt des erst 1993 zur Stadt erhobenen Ortes Althofen.

Am 18. März 1995 hat 4010 027 als IC 532 „Egger Lienz“ den Bahnhof St. Veit an der Glan verlassen und passiert nun das 135,5 Meter lange Taggenbrunner Viadukt. Auf dem Bild sieht man das Viadukt so, wie es 1912 gebaut wurde.

Der aus zwei Treibwagenzügen 5145 bestehende TS 194 fährt am 6. September 1959 durch das Krappfeld Richtung Wien. Das Bild prägt die bereits 1200 urkundlich erwähnte Filialkirche St. Klementen.

Der Güterzug 53 507, bespannt mit 1044 210, passiert am 2. Jänner 2001 das 1997 erneuerte, 135,5 Meter lange Taggenbrunner Viadukt vor St. Veit an der Glan.

Am 26. November 1999 hält der aus der Garnitur 6030.317, 7030.317 und 4030.317 bestehende Verwaltungszug im Bahnhof Liebenfels vor dem im August 1915 fertiggestellten Aufnahmsgebäude. Mit diesem Zug befuhr die Kommission zur Abnahme der Streckensicherungsanlage die Strecke von St. Veit an der Glan nach Villach Hauptbahnhof.

Bei Sattendorf verläuft die Strecke am Ufer des Ossiacher Sees. Hier fährt 5070.06 mit Personenzug 4338 am 24. August 1955 nach Villach.

Am 19. August 1953 fährt 3071.09 am Streckenabschnitt zwischen der Draubrücke und Villach Westbahnhof mit Personenzug nach Arnoldstein.

Am 30. Mai 1997 fahren bei Neuhaus an der Gail die Loks 1822 004 und 1822 001 mit Güterzug 45 009 Richtung Italien. Auf dem Bild ist das zweite Streckengleis zu sehen, das seit 3. Oktober 1989 in Betrieb ist.

Vom Dobratsch aus hat man einen guten Blick auf den Großverschiebebahnhof Villach Süd. Am 31. Mai 2014 sieht man ganz vorn die Autobahn und daran anschließend die Gail. Danach kommt rechts der Einfahrbahnhof, dann der Ablaufberg und schließlich dahinter der Bereich, in den abgerollt wird. Parallel zum Verschiebebahnhof ist der Verlauf der Strecke nach Thörl-Maglern zu erkennen.

Von Villach bis Staatsgrenze nächst Rosenbach (28,466 Kilometer)

Die Strecke beginnt am Westbahnhof in Villach, führt neben der Strecke nach Tarvis bis zur Gailbrücke, biegt dann nach Osten ab und steigt am Fuße der Karawanken bis zum Rosenbach an. Dort biegt die Strecke nach Süden ab, passiert den heutigen Grenzbahnhof Rosenbach und überschreitet im 7,976 Kilometer langen Karawankentunnel die in Kilometer 53,635 liegende heutige Staatsgrenze.

Die Strecke von Villach über Rosenbach zur heutigen Staatsgrenze gehörte zum Programm des Baus der zweiten Eisenbahnverbindung mit Triest. Mit den Vorbereitungen dafür begann man 1901, mit dem Bau selbst im Dezember 1905. Eine Ausnahme bildete der Karawankentunnel mit Vortriebsbeginn am 22. Juni 1901, Durchschlag am 17. Mai 1905 und Fertigstellung am 28. Februar 1906. Die Strecke wurde am 27. September 1906 geprüft und am 30. September 1906 eröffnet. Sie war bis Rosenbach eingleisig und durch den Tunnel zweigleisig gebaut. Aus Kostengründen wurde 1935 das zweite Gleis im Tunnel aufgelassen, wegen des während des Krieges angestiegenen Verkehrs aber am 16. September 1941 wieder in Betrieb genommen. Im Mai 1945 erfolgte nach Beschädigungen des Tunnels die neuerliche Auflassung des zweiten Gleises. Abermals hergestellt, stand es vom 21. Mai 1979 bis Mai 2015 in Betrieb. Vom 5. Oktober 2020 bis 10. Juli 2021 wurde der Tunnel gesperrt und in eingleisiger Form vollkommen saniert.

Nach 1938 hätte der Verkehrsanstieg die Vergrößerung des Grenzbahnhofs Rosenbach erforderlich gemacht, was aus topografischen Gründen jedoch nicht möglich war. Daher begannen im September 1940 Ausbauarbeiten im Bahnhof Ledenitzen zum Grenzbahnhof mit zehn Gleisen. Nach der Kapitulation der jugoslawischen Streitkräfte am 17. April 1941 war der Grenzbahnhof nicht mehr notwendig. Die Bauarbeiten wurden eingestellt. Zwei bereits gebaute Gleise blieben für die Hinterstellung von Wagen weiter bestehen, am übrigen Bauplatz wurde der entfernte Mutterboden wiederhergestellt. Heute kann man an der großen waagrechten Fläche neben dem Bahnhof Ledenitzen den Umfang der Baustelle erkennen.

Die Elektrifizierung erreichte diese Strecke im Jahr 1954. Von Villach Warmbad bis Rosenbach stand ab 30. Mai 1955 die Fahrleitung unter Spannung, die Betriebsaufnahme erfolgte am 10. Juni 1955. Von Rosenbach über die heutige Staatsgrenze bis Jesenice stand die Fahrleitung ab 4. Februar 1957 unter Spannung, die Eröffnung erfolgte am 6. Februar 1957. Beachtenswert ist, dass die Strecke über die heutige Staatsgrenze bei Rosenbach vom 27. Juni 1991 bis 5. Juli 1991 wegen des Krieges in Jugoslawien gesperrt war. Die Linie ist heute zeitgemäß ausgebaut und erfüllt die betrieblichen Anforderungen.

Nach Villach-Auen trennen sich vor der Gailbrücke die Strecken nach Rosenbach und nach Thörl-Maglern. Am 2. Juli 1956 ist ein zweiteiliger 5045 nach Rosenbach unterwegs. Damals führten Brücken für zwei Gleise über die Gail, seit 1989 sind es Brücken für fünf Gleise.

Am 23. August 1955 verlässt 57.277 mit Güterzug nach Klagenfurt den Bahnhof Rosenbach.

52.3841 mit Ex 100 verlässt den Karawankentunnel Richtung Rosenbach. Am 24. August 1954 erkennt man neben dem Zug das abgetragene zweite Streckengleis.

Staatsgrenze nächst Bleiburg bis Landesgrenze nächst Oberdrauburg (171,501 Kilometer)

Bei der Strecke handelt es sich um den in Kärnten liegenden Teil der Südbahn von Marburg (Maribor) nach Franzensfeste, der in Kilometer 82,152 vor Bleiburg die heutige Staatsgrenze passiert. Danach gelangt die Bahn durch das Jaunfeld zur Drau, übersetzt diese und fährt neben der Gurk bis nach Klagenfurt. Entlang des Wörthersees geht es weiter, bei Föderlach wird neuerlich die Drau erreicht. Dieser folgt die Bahn und passiert Villach sowie Spittal-Millstättersee. Bei der Landesgrenze nach Osttirol verlässt die Bahn in Kilometer 253,653 hinter dem Bahnhof Oberdrauburg Kärnten.

Nach der Festlegung der Trasse der Südbahn durch die Steiermark bemühte man sich in Kärnten um einen Anschluss an das Eisenbahnnetz. Am 24. Oktober 1856 erhielten die Interessenten die Konzession für die Bahn von Marburg über Klagenfurt und Villach nach Brixen. Am 17. März 1858 wurde die k. k. priv. Kärntner Bahn gegründet. Da das Geld für den Bahnbau nicht beschafft werden konnte, wurde die Konzession am 23. September 1858 an die Südbahn abgetreten, die dann die gesamte Strecke errichtete.

Die Bauarbeiten an der Strecke von Marburg über die heutige Staatsgrenze nächst Bleiburg nach Klagenfurt begannen am 18. Juli 1857, die Eröffnung fand am 31. Mai 1863 statt. Der Baubeginn des Abschnitts von Klagenfurt bis Villach erfolgte im Frühjahr 1862, die Prüfung am 11. Mai 1864 und die Eröffnung am 30. Mai 1864. Am letzten Streckenabschnitt, von Villach über die Landesgrenze bei Oberdrauburg nach Franzensfeste, begannen die Bauarbeiten 1868, die Prüfung erfolgte am 12. November 1871 und die Eröffnung am 20. November 1871.

Größere Änderungen an der Strecke brachte der Bau einer zweiten Eisenbahnverbindung mit Triest durch die Staatsbahn. In Klagenfurt errichtete die Südbahn östlich des Hauptbahnhofs einen neuen Frachtenbahnhof und übertrug die Betriebsführung des Hauptbahnhofs am 1. Oktober 1906 der Staatsbahn. Für die Strecke der Südbahngesellschaft von Villach Hauptbahnhof nach Spittal-Millstättersee wurde mit der Staatsbahn ein Péage-Vertrag abgeschlossen, sodass auch die Staatsbahnzüge auf dieser verkehren konnten. Weiters erfolgte auf dieser Strecke der Bau des zweiten Gleises. Der erste Teil war am 7. Juli 1909 und die gesamte Strecke am 1. Juli 1910 zweigleisig. Vom September 1908 bis Juli 1909 wurde der Hauptbahnhof in Villach erweitert und an der Ostseite eine neue Zugförderungsanlage gebaut.

Nach dem Zerfall der Monarchie kam das Streckennetz der Südbahn in vier verschiedenen Staaten zu liegen, daher übernahm der Staat am 1. Jänner 1924 die Betriebsführung und Erhaltung der österreichischen Südbahnstrecken. Erst am 29. Mai 1964 ging die Bahn in das Eigentum des Staates über.

In Villach betrieb nun die Staatsbahn alle Bahnanlagen, ließ die Zugförderungsanlage am Hauptbahnhof am 1. März 1924 auf, reaktivierte sie kriegsbedingt aber von 1942 bis 1953.

Am 25. Juli 1944 verursachte ein Bombenangriff auf das Stadtgebiet von Villach schwere Zerstörungen an den Bahnanlagen, die bis 1949 behoben wurden.

Danach wurde die Elektrifizierung umgesetzt. Die Aufnahme des elektrischen Betriebs erfolgte zwischen Villach Hauptbahnhof und Spittal-Millstättersee am 17. Mai 1950, zwischen Klagenfurt und Villach Hauptbahnhof am 30. September 1956, zwischen Spittal-Millstättersee und Pusarnitz Süd (früher Abzweigung Lendorf) am 25. Mai 1970 und zwischen Pusarnitz Süd über die Landesgrenze bis Lienz am 4. Dezember 1988.

Sehr lange dauerte der Bau des zweiten Streckengleises zwischen Klagenfurt und Villach Hauptbahnhof. Hier war der erste Abschnitt am 2. Oktober 1955 fertig, die gesamte Strecke am 27. Juni 1977.

Die Strecke von Mittlern nach Klagenfurt wird Teil der Hochleistungsstrecke Koralpenbahn, sie wird derzeit großzügig umgebaut. Der Abschnitt von Grafenstein nach Klagenfurt ist seit 11. November 2015 zweigleisig, der neue Abschnitt von Pribelsdorf bis Mittlern seit 6. September 2020 eingleisig in Betrieb, die restliche Strecke und die elektrische Ausrüstung sind in Bau.

Am 20. August 2010 hält 2016 047 mit Regionalzug 4528 im Bahnhof Tainach-Stein. Am 13. September 1891 wurde hier die Haltestelle Rückersdorf in Betrieb genommen, diese wurde 1906 zum Bahnhof ausgebaut und am 1. Mai 1921 in Tainach-Stein umbenannt.

1945 wurde die Draubrücke bei Tainach-Stein zerstört und durch das abgebildete Provisorium ersetzt. Am 24. Juli 1953 bleibt TE 791 mit 7758.12 und 5042 aufgrund eines Defekts genau auf der Brücke zu stehen. Der Zug wurde zur Bergung geteilt.

1044 105 mit IC 691 hält am 5. Juni 2010 in Klagenfurt Hauptbahnhof. Der Bahnhof wurde 2005 in der hier gezeigten Form fertiggestellt.

Am 13. April 2007 verlässt 1142 542 mit Regionalzug 4524 Richtung Lienz die 1983 erneuerte, 67 Meter lange Draubrücke hinter Oberdrauburg.

Am 22. August 1956 wird mit Bügelprobezug MT 47, 950 500, 1245.518 und 52.6940 zwischen Töschling und Velden die Fahrleitung geprüft. Die Aufnahme des elektrischen Betriebs folgt am 30. September 1956.

Am 30. Mai 1964 fahren 4042.02 und Zug und 4042.01 sowie ein Turmwagen über die untere, 133 Meter lange Draubrücke. Neben dem Zug erkennt man die Pfeiler der ursprünglichen eingleisigen Brücke.

Am 23. August 1954 verlässt 12.11 mit Eilzug 982 den Hauptbahnhof in Villach Richtung Wien.

Am 14. Juli 1956 wird die von der Tauernbahn her kommende 1020.07 mit Güterzug die Abzweigung Gummern 3 der Strecke zum Villacher Westbahnhof erreichen. Hier verläuft die Bahn unmittelbar neben der Drau.

Am 6. August 1956 musste wegen eines Defekts der Triebwagen des Triebwagenschnellzugs 3123 durch die 2045.08 ersetzt werden. Der Zug hat bei seiner Fahrt nach Villach den Bahnhof Oberdrauburg verlassen.

Von St. Paul bis Bleiburg (19,070 Kilometer)

Die Bahn zweigt in St. Paul von der Strecke im Lavanttal ab, führt im Granitztal weiter über die 428,30 Meter lange Draubrücke, passiert dann das Jauntal und mündet im Bahnhof Bleiburg in die Strecke von Marburg nach Franzensfeste.

Nach dem Ersten Weltkrieg verlief die Bahnverbindung vom Lavanttal zum Drautal aufgrund der neuen Staatsgrenze außerhalb von Österreich. Daher versprach die Staatsverwaltung schon 1920 den Neubau dieser Verbindung auf österreichischem Staatsgebiet, doch erst ab 1959 wurde das Projekt mit dem Namen Jauntalbahn realisiert. Zum ersten Spatenstich kam es am 9. Dezember 1959, die Eröffnung der eingleisigen Strecke erfolgte am 10. Oktober 1964.

Ein Teil der Jauntalbahn wird derzeit zur Koralpenbahn umgebaut. Nach Fertigstellung der Arbeiten wird der Abschnitt von St. Paul nach Eis-Ruden aufgelassen. Seit 20. Mai 2020 erreichen erste Streckenumbauten den Bahnhof Eis-Ruden.

Von St. Veit an der Glan bis Klagenfurt (20,074 Kilometer)

Die Strecke beginnt im Bahnhof St. Veit an der Glan und führt in südlicher Richtung der Glan folgend durch das Zollfeld nach Klagenfurt.

Die Konzession, die der Kronprinz Rudolf-Bahn vom 15. November 1866 erteilt worden war, beinhaltete auch die Strecke von St. Veit an der Glan nach Klagenfurt. Die Arbeiten begannen 1868, die Eröffnung der eingleisigen Strecke erfolgte am 15. April 1869. Sie erhielt einen eigenen Bahnhof in Klagenfurt (heute Klagenfurt Ostbahnhof), der vor der Verstaatlichung der Kronprinz Rudolf-Bahn am 1. Jänner 1884 aufgelassen, am 1. Juni 1906 jedoch neuerlich in Betrieb genommen wurde. Der ursprüngliche Bahnhof St. Veit an der Glan wurde nach der Inbetriebnahme des neuen Bahnhofs am 11. Oktober 1912 zum Verschiebebahnhof umgebaut. Zur Hebung der Streckenkapazität gab es vom 1. Mai 1913 bis 1926 in Willersdorf und von 1917 bis 1922 in Klagenfurt Annabichl eine Betriebsausweiche. 1918 bis 1920 wurden die in Klagenfurt Ostbahnhof und Klagenfurt Frachtenbahnhof bestehenden Anschlussbahnen des Militärs miteinander verbunden, sodass Militärzüge direkt von St. Veit an der Glan Richtung Marburg fahren konnten.

Der weitere Streckenausbau unterblieb bis zur Elektrifizierung der Strecke. Ab 17. September 1956 stand die Fahrleitung unter Spannung, am 30. September 1956 erfolgte die Betriebsaufnahme der elektrifizierten Bahn.

Als Nächstes wurde die Strecke zweigleisig ausgebaut. Der erste Abschnitt war am 27. Februar 1995 und der letzte am 17. August 2003 fertig. Die Strecke ist heute gut ausgebaut und kann mit einer Streckenhöchstgeschwindigkeit von bis zu 160 km/h befahren werden.

Am 10. Oktober 1964 wurde die Jauntalbahn eröffnet. Der zweite Festzug mit 2045.06 und 2045.14 fährt über die 535 Meter lange Draubrücke.

Von Klagenfurt bis Rosenbach (29,831 Kilometer)

Die Strecke beginnt am Hauptbahnhof in Klagenfurt und gelangt in südlicher Richtung zur Drau. Diese wird überbrückt und der Bahnhof Weizelsdorf erreicht. Danach führt die Bahn im Rosental weiter und mündet in Rosenbach in die aus Villach kommende Strecke.

Diese eingleisige Strecke war Teil der zweiten Eisenbahnverbindung mit Triest. Dem Baubeginn im August 1903 folgten am 28. Mai 1906 im Abschnitt von Klagenfurt nach Feistritz im Rosental die Prüfung und am 30. Mai 1906 die Aufnahme des Zugsverkehrs. Der Abschnitt Feistritz im Rosental bis Rosenbach wurde am 27. September 1906 geprüft und am 1. Oktober 1906 in Betrieb genommen.

Die Strecke verlor nach Auflösung der Monarchie viel an Bedeutung, doch der eigentliche Niedergang begann im Jahr 2000. Ab 24. September 2000 wurden die ersten Züge im Schienenersatzverkehr geführt. Der ab 1. August 2011 in Kärnten bestehende Schnellbahnverkehr wurde nur von Klagenfurt bis Weizelsdorf betrieben. Am 13. Dezember 2013 wurde von Viktring bis Rosenbach der Güterverkehr und am 11. Dezember 2016 der Personenverkehr von Weizelsdorf bis Rosenbach eingestellt. Die endgültige Stilllegung der Strecke von Weizelsdorf, Kilometer 30,542, bis Rosenbach erfolgte am 23. Jänner 2017. Dieser Abschnitt ist heute eine Anschlussbahn des Landes Kärnten mit beschränkt öffentlichem Personenverkehr und an die Bahn und Museum Betriebsgesellschaft mbH in Ebenthal verpachtet und wird seit dem 18. Juli 2021 wieder befahren. Für den Schnellbahnverkehr ist die Elektrifizierung des Abschnitts von Klagenfurt nach Weizelsdorf in Bau.

Am 17. August 1958 hat der Lokführer der 57.277 den Regler weit geöffnet, damit der Personenzug 4609 nach der Abfahrt aus Viktring die mit 20 Promille kommende Steigung bewältigen kann. Der Bahnhof wurde bereits 1926 zur Halte- und Ladestelle rückgebaut. Die Haltestelle wurde am 27. Oktober 2015 verlegt. Die Ladestelle verblieb am alten Ort und ist heute ein modernes Güterumschlagszentrum.

Die 93.1378 verlässt am 21. August 1976 mit einem Zug nach Klagenfurt die 160 Meter lange Draubrücke bei Weizelsdorf. 1974 wurde die Brücke wegen des Aufstauens der Drau um ein 40 Meter langes Tragwerk verkürzt.

6546 212 mit 5146 207 als Regionalzug 4687 erreicht am 20. Juli 1991 den Bahnhof Weizelsdorf. Das nach rechts hinten führende Gleis ist das Streckengleis nach Ferlach. Heute endet hier die Strecke der Bundesbahn.

Bei der Fahrt nach Klagenfurt passiert am 4. Juni 2010 5022 028 als Regionalzug 4682 das Feistritzbach-Viadukt und wird gleich Feistritz im Rosental erreichen. Das Viadukt besteht aus einem Steinbogen mit 6 Meter, vier Steinbögen mit 10 Meter, zwei Stahlträgern zu 45 Meter und drei Steinbögen mit 19 Meter Weite.

2016 053 und 2016 049 mit SDG 45485 passieren am 4. Juni 2010 das Rosenbach-Viadukt bei der Fahrt nach Rosenbach. Das Viadukt hat vier Bögen mit 12 Meter, drei Tragwerke mit 51,6 Meter und einen Bogen mit 6 Meter Weite.

Von Graz bis Klagenfurt (Koralmbahn) (in Bau)

Die aus Graz kommende Neubaustrecke wird im 32,9 Kilometer langen Koralmtunnel die Kärntner Landesgrenze überschreiten. Nach dem Tunnelende liegt der neue Bahnhof Lavanttal, von dem aus es eine Verbindung zur Strecke im Lavanttal geben wird. Weiter geht es zur Brücke über die Drau, danach durch das Jauntal und Jaunfeld nach Mittlern auf der bestehenden Strecke von Marburg bis Franzensfeste. Ab Mittlern wird die bestehende Strecke bis Klagenfurt zur Hochleistungsstrecke umgebaut.

Projekte für eine Bahn im Koralpengebiet gab es schon 1923. Realisiert wird nun eine 130 Kilometer lange Hochleistungsbahn. Die Bauarbeiten in Kärnten begannen 2003. Am größten Bauwerk der Bahn, dem Koralmtunnel, begannen am 19. Dezember 2003 die Bauarbeiten, der Durchschlag der letzten Tunnelröhre erfolgte am 17. Juni 2020. In Kärnten sind die Bauarbeiten in vollem Gange. Die Fertigstellung der Bahn ist für 2025 geplant.

Beim Südportal des Koralmtunnels fährt am 20. August 2010 bei St. Andrä im Lavanttal 5022 029 als R 4527 auf der verlegten Strecke der Bahn im Lavanttal. Am linken Rand der Baustelle sieht man die bis zum 2. Juni 2010 befahrene ursprüngliche Bahntrasse.

Die Nebenbahnen in Salzburg

Von Steindorf bei Straßwalchen bis Landesgrenze vor Friedburg (3,278 Kilometer)

Die Strecke nach Braunau zweigt im Bahnhof Steindorf bei Straßwalchen von der Westbahn Richtung Norden ab und passiert kurz vor dem Bahnhof Friedburg in Kilometer 3,278 die Landesgrenze nach Oberösterreich.

Die ersten Pläne einer Bahn von Braunau am Inn über Straßwalchen und dann durch das Salzkammergut bis Bruck an der Mur stammen aus dem Jahr 1864. Davon realisierte man nur den Abschnitt von Steindorf bei Straßwalchen über die Landesgrenze bei Friedburg nach Braunau am Inn. Dafür wurde die Konzession am 4. Mai 1872 erteilt und die Gesellschaft k. k. priv. Braunau-Straßwalcher Bahn am 12. Juli 1872 gegründet. Die Bauarbeiten begannen im Juli 1872, die Prüfung erfolgte am 30. August 1873, die Inbetriebnahme der eingleisigen Bahn am 10. September 1873. Für diese Bahn entstand auf der Westbahn der neue Bahnhof Steindorf bei Straßwalchen.

Die Bahngesellschaft hatte von Anfang an finanzielle Probleme und konnte nicht einmal eigene Fahrzeuge beschaffen, daher übergab man die Betriebsführung an die Kaiserin Elisabeth-Bahn gegen Kostenersatz. Da auch das nicht bezahlt werden konnte, wurde der Betrieb am 31. August 1875 stillgelegt. Die Eisenbahnbehörde verhängte daraufhin am 1. September 1875 die Zwangsverwaltung und ordnete am 3. September 1875 die Wiederinbetriebnahme an. Am 31. Mai 1877 übernahm der Staat die Bahn, den Betrieb führte bis 1. Jänner 1882 noch die Westbahn, danach die Staatsbahn.

Der Abschnitt in Salzburg blieb praktisch unverändert. Derzeit wird die Strecke von Steindorf bei Straßwalchen bis Friedburg für den Nahverkehr Salzburg ausgebaut und elektrifiziert.

Von der Landesgrenze nach St. Wolfgang bis Schafbergspitze (5,466 Kilometer)

St. Wolfgang Schafbergbahnhof in 544,00 Meter Seehöhe, der Ausgangspunkt der Strecke, liegt in Oberösterreich. Gleich danach, in Kilometer 0,480 auf der Brücke über den Dietl-Bach, passiert die Bahn die Landesgrenze nach Salzburg und steigt weiter mit bis zu 250 Promille an. Nach der Dorneralpe und Schafbergalpe folgen der 91 Meter lange Tunnel Schafbergspitze I, der 26 Meter lange Tunnel Schafbergspitze II sowie die in 1732,25 Meter Seehöhe liegende Endstation Schafbergspitze.

Der 1782 Meter hohe Schafberg mit seinem markanten Steilabfall zum Mondsee wurde bereits am Beginn des 19. Jahrhunderts zum Ziel vieler Wanderer. 1836 gab es eine erste Übernachtungsmöglichkeit, 1862 ein Hotel am Berg. Betuchte Reisende ließen sich auf einer Art Sänfte auf den Berg tragen. Eisenbahningenieur Berthold Curant, der Gründer der Dampfschifffahrt am Mond- und Wolfgangsee, bemühte sich schon 1871 um den Bau einer Zahnradbahn von St. Wolfgang auf den Schafberg, doch erst 1892 verwirklichte die Salzkammergutlokalbahn das Bahnprojekt. Die Konzession wurde am 29. Juli 1892 erteilt, kurz danach erfolgte der Baubeginn. Nach der Prüfung am 31. Juli 1893 wurde die Strecke am 1. August 1893 eröffnet. Die eingleisige Zahnradbahn „System Abt" hat eine maximale Steigung von 250 Promille. Eigentümer und Betreiber war die Salzkammergutlokalbahn.

Die Bahn war ein finanzieller Erfolg und sorgte jährlich für einen bedeutenden Betriebsüberschuss. Die Salzkammergutlokalbahn selbst bekam jedoch wirtschaftliche Probleme und musste die Schafbergbahn am 1. Juni 1932 an das Österreichische Verkehrsbüro verkaufen. Den Betrieb führte ab diesem Zeitpunkt die Staatsbahn. 1938 wurde die Bahn verstaatlicht. Im Zuge einer internen Neuorganisation verkauften die Österreichischen Bundesbahnen am 17. März 2006 die Schafbergbahn an die Salzburg AG. Diese übernahm sie mit der neuen Firma Salzkammergutbahn GmbH am 31. März 2006. Seither werden die Bahnanlagen laufend verbessert. Im April 2011 wurde die neue Betriebsausweiche Aschinger in Kilometer 1,1 fertiggestellt. Derzeit wird in St. Wolfgang der Bahnhof vollständig neu gebaut. Der Betrieb wird mit modernen und historischen Dampf- und Dieselfahrzeugen geführt.

Am 22. August 1996 ist 999.203 „Oberösterreich“ mit Zug 3729 bei der heutigen Ausweiche Aschinger bergauf unterwegs.

Am 21. Juli 1962 plagt sich 999.102 mit Wagen Bsz 4940 nach der Haltestelle Schafbergalpe bei der Fahrt zur Schafbergspitze im Bereich der Maximalsteigung von 250 Promille. Auch bei der ersten Fahrt der Schafbergbahn am 1. August 1893 bestand der Zug aus diesen beiden Fahrzeugen und wurde damals von sieben Reisenden benützt. Der 1893 gebaute Wagen Bsz 4940 ist eine Besonderheit, hatte er doch zwei Abteile zweiter Klasse sowie einen offenen Vorbau, der sowohl als Sommerabteil als auch als Ladefläche verwendet werden konnte.

Die 999.103 „Erika“ erreicht mit Zug 3769 den Endbahnhof Schafbergspitze. Vor dem Zug erkennt man das 1986 fertiggestellte Aufnahmsgebäude der Station, rechts das Hotel und das Gleis der dorthin führenden Materialbahn.

Am Stumpfgleis der Endstelle Schafbergspitze wartet am 29. September 2014 der 1964 gebaute Triebwagen VTZ 22 auf die Rückfahrt. Hinter dem Wagen sieht man den Wolfgangsee. Gut erkennbar ist, welche Höhe bei der Fahrt überwunden werden muss.

Von Salzburg bis Bad Ischl (30,3 Kilometer)

Die Lokalbahn hatte ihren Ausgangspunkt vor dem Hauptbahnhof in Salzburg und führte am Rand der Anlagen des Hauptbahnhofs in nordöstlicher Richtung weiter. Neben der Strecke nach Wörgl unterfuhr sie die Westbahn aus Wien und passierte danach den Güter- und Betriebsbahnhof auf der Strecke nach Osten. Entlang der Fuschler Ache ging es Richtung Bad Ischl, wo sie in Kilometer 41,610 bei Teufelmühle die Salzburger Landesgrenze überschritt. In Oberösterreich führte die Strecke neben dem Mondsee weiter bis Scharfling. Dort gelangte die Bahn neuerlich nach Salzburg, überwand die Hügelkette zum Wolfgangsee und führte ab St. Gilgen neben dem Wolfgangsee zur Ischl und entlang dieses Flusses bis Wacht, wo sie endgültig Oberösterreich erreichte.

Kartonkarte, ausgegeben in Strobl.

Ab 1870 gab es Pläne einer Bahnverbindung von Salzburg und Bad Ischl. Die Erteilung der Konzession für eine Schmalspurbahn erfolgte am 13. Jänner 1890, die Gründung der Gesellschaft Salzkammergutlokalbahn AG am 22. September 1890. Der Bau geschah in drei Abschnitten:

- Von Strobl über die Landesgrenze nach Bad Ischl. Baubeginn im April 1890, Prüfung am 4. August 1890 und Inbetriebnahme am 5. August 1890.
- Von Salzburg über die Landesgrenze nach Mondsee. Baubeginn im August 1890, Prüfung am 27. Juli 1891 und Inbetriebnahme am 28. Juli 1891.
- Von St. Lorenz über die Landesgrenze nach Strobl. Baubeginn im März 1892, Prüfung am 19. Juni 1893 und Inbetriebnahme am 20. Juni 1893.

Der Personenbahnhof in Salzburg bekam neben den Gleisen der Salzburger Lokalbahn ein Aufnahmsgebäude, in dem die eigene Direktion und die der Salzburger Eisenbahn- und Tramway-Gesellschaft untergebracht waren. Er wurde am 5. Mai 1909 im Zuge der Umgestaltung der Bahnanlagen vor dem Hauptbahnhof auf die Ostseite des Bahnhofsvorplatzes verlegt.

Die Strecke wurde mehrmals durch Hochwasser unterbrochen. Ein Bergsturz bei Lueg am 4. April 1907 zerstörte die Trasse nachhaltig. Nach der Unterbrechungsstelle baute man eine provisorische Ausweiche mit einer Haltestelle und Schiffsanlegestelle am Wolfgangsee. Die Reisenden konnten bis zur Beseitigung der Schäden am 27. Juli 1907 mit dem Schiff ihre Reise fortsetzen.

Bis 1919 gab es einen Betriebsüberschuss, dann kam die Gesellschaft in finanzielle Bedrängnis und musste 1932 die Schafbergbahn verkaufen. Den Zweiten Weltkrieg überstand die Bahn unbeschädigt, allerdings hätten die Bahnanlagen und Fahrzeuge saniert werden müssen. Es gab Pläne zur Modernisierung und Elektrifizierung, doch die Politik wünschte die Einstellung der Bahn. Der Personenverkehr endete am 30. September 1957, der Güterverkehr am 10. Oktober 1957.

Am Bahnhof in Salzburg ist am 22. Juli 1957 die Lok 7 mit Personenzug 6515 zur Abfahrt nach Bad Ischl bereit. Die Gleise im Vordergrund gehören zum Bahnhof der Lokalbahn nach Lamprechtshausen. Die Lok 7 gibt es heute noch, sie gehört dem Club 760, dem Verein der Freunde der Murtalbahn.

Am 28. August 1955 halten die Loks 11 und 10 mit Personenzug 6526 im Bahnhof St. Gilgen. Die Lok 11 fährt heute noch auf der Stainzerbahn in der Weststeiermark, die Lok 10 wurde 1957 verschrottet.

Die 1939 gebaute Lok 22 ist am 28. August 1955 mit Personenzug 6524 bei St. Gilgen unterwegs. Die Lok 22 kam nach der Auflassung der Strecke zur Zillertalbahn und wurde 1980 an einen Eisenbahnfreund verkauft.

Am Rand des Wolfgangsees erreicht am 4. August 1957 die Lok 7 mit Personenzug 6520 die Haltestelle Lueg.

Von Salzburg bis Staatsgrenze nächst Hangender Stein (13,777 Kilometer) und von Äußerer Stein bis Parsch (1,669 Kilometer)

Die Südstrecke der Salzburger Lokalbahn hatte ihren Ausgangspunkt vor dem Gebäude des Hauptbahnhofs und gelangte im Anschluss durch die Rainerstraße, die Markus-Sittikus-Straße, die Schwarzstraße und Imbergstraße, über die Karolinenbrücke, die Nonntaler Hauptstraße und über Morzg, Hellbrunn, Anif sowie Gröding nach St. Leonhard. Die restliche Strecke verlief auf einem eigenen Bahnkörper neben dem Almkanal und danach durch den 35 Meter langen Tunnel Hangender Stein zur Staatsgrenze in Kilometer 13,777.

Die Zweigstrecke begann beim Gleisdreieck vor der Karolinenbrücke und führte über die Bürglsteinstraße und Gaisbergstraße bis zur Stöcklstraße und dann auf einem eigenen Bahnkörper zur Endstation Parsch.

1872 gab es erstmals den Wunsch einer Lokalbahnverbindung von Salzburg über die Staatsgrenze nach Berchtesgaden. Der Direktor der Linzer Tramway-Gesellschaft Ing. Alexander Werner bemühte sich um diese Bahn. Am 21. April 1885 erhielt Werner die Konzession für den österreichischen Teil der Lokalbahn. Der Bau begann sofort und wurde abschnittsweise fertig.

- Salzburg Hauptbahnhof bis Innerer Stein. Prüfung am 31. Juli 1886, Inbetriebnahme am 10. August 1886.
- Innerer Stein bis Hellbrunn. Prüfung am 28. August 1886, Inbetriebnahme am 29. August 1886.
- Hellbrunn bis Drachenloch. Prüfung am 18. November 1886, Inbetriebnahme am 20. November 1886.

Aus Kostengründen wurde die Bahn nur bis zum Gasthof Drachenloch und teilweise auf öffentlichen Straßen gebaut. Allerdings erfolgte der Bau der eingleisigen Bahn so, dass der Güterverkehr mit Vollbahnwagen möglich war. Am 27. März 1888 wurde die Aktiengesellschaft Salzburger Eisenbahn- und Tramway-Gesellschaft gegründet.

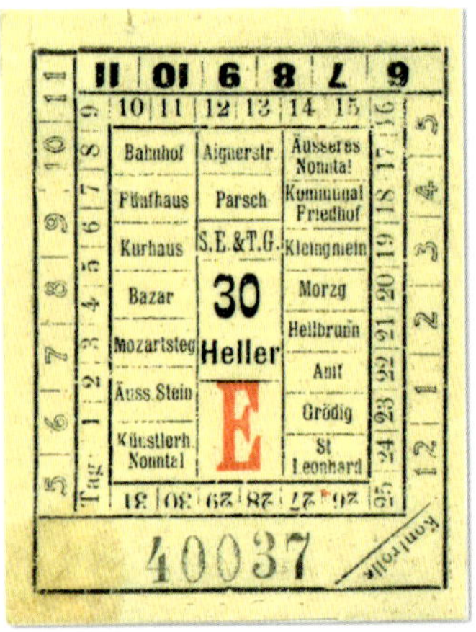

Schaffnerkarte der Südstrecke der Salzburger Lokalbahn.

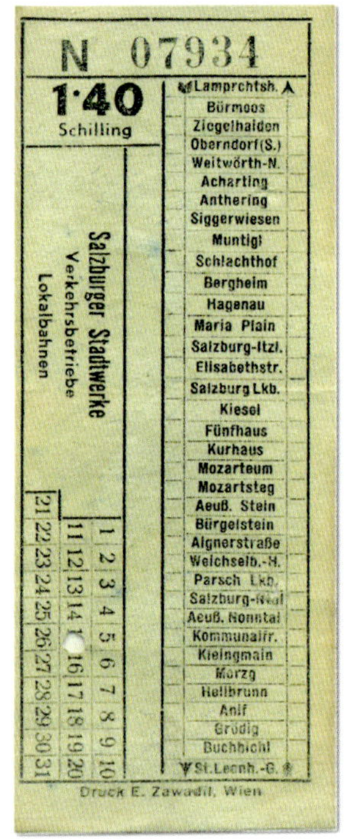

Schaffnerkarte der Süd- und Nordstrecke.

Die Abfahrstelle der Lokalbahn lag am Platz vor dem Hauptbahnhof. Die Fahrzeugremise befand sich Richtung Osten, etwa dort, wo heute die Ausfahrt aus dem unterirdischen Bahnhof ist.

1887 entstanden erste Pläne einer Zweigstrecke von der Lokalbahn zur Haltestelle Parsch der Bahn nach Wörgl und der Gaisbergbahn. Die Konzession wurde am 15. Oktober 1892 erteilt. Die Prüfung erfolgte am 29. April 1893 und die Eröffnung am 1. Mai 1893. Mit dieser Strecke konnten die bisher durch die dicht verbaute Stadt geführten Güterzüge über die am Besiedlungsrand gelegene neue Strecke zur Staatsbahn gebracht werden.

Der Weiterbau bis Berchtesgaden unterblieb aus Kostengründen, erst der Staatsvertrag vom 22. November 1904 zwischen der österreich-ungarischen Monarchie und dem Königreich Bayern schuf die Grundlage zum Bahnbau. Die Arbeiten an der 1,736 Kilometer langen Strecke von St. Leonhard-Gartenau bis zur Staatsgrenze begannen im April 1907, die Prüfung erfolgte am 30. September 1907 und die Betriebsaufnahme am 1. Oktober 1907. Im Zuge der Verlängerung der Bahn erhielten die letzten 1,254 Kilometer der ursprünglichen Strecke eine neue Trasse.

Danach sollte die Elektrifizierung folgen, diese wurde jedoch vom Umbau der Lokalbahnanlagen vor dem Hauptbahnhof abhängig gemacht. Im April 1908 begannen alle Arbeiten. Am 9. November 1908 war mit der Umlegung der Nordlinie auf den eigenen Bahnhof der Bahnhofsumbau fertig. Der Prüfung des elektrischen Betriebs am 29. Mai 1909 folgte am 10. Juni 1909 die Betriebsaufnahme. Wegen der Stadtbahn war die Strecke von der Remise bis zur Markus-Sittikus-Straße bereits ab 4. Mai 1909 elektrisch in Betrieb.

Bahnhofserweiterungen und Linienverbesserungen modernisierten die Strecke, doch am 2. Oktober 1938 wurde die Stilllegung der Strecke von St. Leonhard-Gartenau bis Berchtesgaden angeordnet und durchgeführt. 1942 begann die Verlegung der Strecke bei Anif.

Am 1. Jänner 1947 erwarb die Stadt Salzburg die Salzburger Eisenbahn- und Tramway-Gesellschaft und gliederte sie in die städtischen Verkehrsbetriebe Salzburg ein, die am 3. Juli 1950 ein Teil der Salzburger Stadtwerke wurden.

Nach dem Zweiten Weltkrieg wollte man die Streckenverlegung weiterführen und die Bahn teilweise zweigleisig ausbauen. Doch 1953 entschloss sich die Stadtgemeinde zur Auflassung beider Südlinien. Am 31. Oktober 1953 wurde dies durchgeführt. Zu einem letzten Sonderverkehr zum Kommunalfriedhof mit Betriebsfahrten bis Morzg kam es noch am 1. November 1953.

Am Lokalbahnhof der Südlinie in Salzburg steht am 28. Juli 1953 MC 6 mit Zug 17 nach St. Leonhard. Die Beschädigungen an der Seitenwand des Aufnahmsgebäudes zeigen jene Stelle, an der sich das an das Aufnahmsgebäude angebaute, am 16. Oktober 1944 durch einen Bombentreffer zerstörte Stellwerksgebäude befand. Dieses Stellwerk war historisch bedeutsam, da hier am 24. März 1910 die ersten im Freien stehenden Lichtsignale (ein Einfahrsignal und drei Ausfahrsignale) in Betrieb genommen wurden.

Am südlichen Lokalbahnhof wartet am 17. Februar 1955 der Lokalbahnzug nach Lamprechtshausen mit den Triebwagen 27 und zwei der damals neuen vierachsigen Beiwagen auf die Abfahrt. Vom 27. Juli 1931 bis zum 1. November 1956 fuhren die Züge der Nordlinie vom Bahnhof der Südlinie ab, dadurch konnte die Kassa am Bahnhof der Nordlinie eingespart werden.

Am Bahnsteig der Nordlinie steht am 16. Juli 1953 der 1951 gebaute ET 32 mit vier Wagen zur Fahrt nach Lamprechtshausen bereit. Auf der anderen Seite dieses Bahnsteiges liegen die Gleise der Schmalspurbahn nach Bad Ischl.

Im unterirdischen Lokalbahnhof in Salzburg ist am 17. März 2021 links der Zug mit Triebwagen 48 eingetroffen, während rechts der Zug mit Triebwagen 44 nach Ostermiething wartet. An die heutigen Wendegleise des Bahnhofs wird in Zukunft die Streckenverlängerung bis zum Mirabellplatz anschließen.

Der Lokalbahnzug mit den Wagen MC 9, 167 und 161 fährt am 28. Juli 1953 durch die Rainerstraße Richtung Lokalbahnhof. Dieser Abschnitt wurde auch von der Stadtbahn befahren und war daher vom 4. Mai 1909 bis Mitte 1941 zweigleisig in Betrieb. Ab 2024 soll hier die unterirdische Verlängerung der Lokalbahn wieder verkehren.

MC 1 fährt beim Landestheater am 16. Juli 1953 Richtung Parsch.

Von Salzburg bis Lamprechtshausen (25,127 Kilometer)

Die nördliche Linie der Salzburger Lokalbahn beginnt vor dem Hauptbahnhof, biegt nach Norden ab und strebt parallel zur Salzach bis Oberndorf bei Salzburg. Danach steigt die Bahn zur Hochebene an und biegt vor dem Bahnhof Bürmoos nach Osten zum Endbahnhof Lamprechtshausen ab.

Das Salzachtal von Salzburg bis Braunau versprach günstige Voraussetzungen für eine Eisenbahn, um deren Realisierung sich die Salzburger Eisenbahn- und Tramway-Gesellschaft bemühte. Die Konzession für die Strecke von Salzburg nach Lamprechtshausen wurde am 10. April 1895 erteilt, die Bahnarbeiten begannen im Mai 1895. Die Prüfung von Salzburg bis Oberndorf bei Salzburg erfolgte am 17. Jänner 1896, die Inbetriebnahme am 20. Jänner 1896, die Prüfung der Reststrecke am 1. Mai und die Inbetriebnahme am 16. Mai 1896.

Die Nordlinie der Salzburger Lokalbahn führte vom ursprünglichen Lokalbahnhof weiter nach Norden und kreuzte dabei die Schmalspurbahn nach Bad Ischl. Der ursprüngliche Anschluss zur Staatsbahn wurde am 20. Jänner 1896 verlegt und führt seither von Salzburg Itzling zum Hauptbahnhof.

Die Elektrifizierung der Südlinie führte zu einigen Änderungen auf der Nordlinie. Am 9. November 1908 erhielt die Nordlinie einen eigenen Bahnhof östlich der Kaiserschützenstraße. Daneben bekam die Salzkammergutlokalbahn ebenfalls einen neuen Bahnhof, damit die Kreuzung der beiden Bahnen entfallen konnte. Ab 28. Mai 1909 ersetzte der erste Teil der heutigen Fahrzeugremise der Salzburger Lokalbahn die alte Halle, die dann abgebrochen wurde. Seit 4. Mai 1909 war die Nordlinie bis zu dieser Remise für Betriebsfahrten elektrifiziert, und die neue Remise wurde von der Straßenbahn bereits verwendet.

1902 wurde aus Gründen des Hochwasserschutzes der gesamte Ort Oberndorf bei Salzburg von der Salzachbiegung (im Zuge dieser Arbeiten kam es 1906 auch zum Abbruch der alten Pfarrkirche St. Nikolai, in der 1818 erstmals das Lied „Stille Nacht, heilige Nacht“ gesungen worden war) auf die Anhöhe verlegt, sodass er heute beiderseits der Bahnstrecke liegt. Als Nächstes ermöglichte man es Wallfahrern, mit der Lokalbahn von der Stadt bis nach Maria Plain zu fahren. Dafür elektrifizierte man die Strecke am 27. September 1923 von der Remise bis zur Plainbrücke und am 15. Mai 1927 bis Bergheim. Ab 27. Juli 1931 fuhren die Züge wieder vom Bahnhof der Südlinie ab, endeten aber am eigenen Bahnhof.

Bombenangriffe verursachten schwere Schäden am Lokalbahnhof und an der Remise. Am 4. Mai 1947 wurde die Nordlinie von Bergheim bis Anthering elektrifiziert, am 16. November 1948 von Anthering bis Oberndorf bei Salzburg und auf der Reststrecke bis Lamprechtshausen am 15. Jänner 1950.

Nach der Stilllegung der Südlinie blieb deren Bahnhof bis 12. Juni 1956 für die Nordlinie in Betrieb, danach wurden die Gleise und im Sommer 1977 das Aufnahms- und Direktionsgebäude abgetragen. Am 18. Jänner 1974 erhielt die Nordlinie ein neues Aufnahmsgebäude.

Die Kohlentransporte von Trimmelkam verstärkten ab 1951 den Güterverkehr, doch sinkende Beförderungszahlen im Personenverkehr ließen dessen Einstellung befürchten. Aufgrund des Einsatzes neuer Fahrzeuge und weiterer Verbesserungen stiegen allerdings die Beförderungszahlen wieder, der Weiterbestand war gesichert. Seit 20. Dezember 1991 steht das zweite Gleis zwischen Lokalbahnhof und Salzburg Itzling in Betrieb.

1987 begann man mit Planungen für eine großzügige Umgestaltung des Platzes vor dem Hauptbahnhof und die Tieflegung des Lokalbahnhofs. Der erste Spatenstich erfolgte am 14. September 1992, die Eröffnung am 19. Oktober 1996. Der neue Bahnhof berücksichtigte bereits den Weiterbau der Strecke Richtung Stadt. Am 16. Dezember 2020 beschloss der Gemeinderat der Stadt Salzburg die unterirdische Verlängerung bis zum Schloss Mirabell. Sie soll zwischen 2022 und 2024 gebaut werden. Darüber hinaus wird gemeinsam mit dem Land Oberösterreich eine Verlängerung um 12 Kilometer von Lamprechtshausen bis Gundershausen geprüft.

Am Verbindungsgleis von Salzburg Itzling zum Hauptbahnhof fährt am 30. August 1956 die 657.1857 mit einem Überstellzug. Links neben dem Zug sieht man das Streckengleis der Schmalspurbahn nach Bad Ischl. Diese Verbindung ist seit Dezember 2005 elektrifiziert.

Im Berufsverkehr wurden auf der Lokalbahn lange Zeit auch lokbespannte Züge geführt. Am 2. Mai 1975 verlässt die Lok 60.01 mit Zug 19 den Bahnhof Bergheim Richtung Lamprechtshausen. Im Hintergrund ist die Dekanatskirche zum heiligen Georg aus dem Jahr 1695 zu sehen.

Im Bahnhof Bürmoos steht am 22. September 2020 der ET 52 als S11 735 abfahrbereit nach Ostermiething.

Von Bürmoos bis Landesgrenze nach St. Georgen bei Salzburg (4,000 Kilometer)

Die Strecke verlässt den Bahnhof Bürmoos Richtung Salzburg, führt in einem Bogen Richtung Norden weiter und passiert nach der Haltestelle St. Georgen bei Salzburg auf der Brücke über die Moosach in Kilometer 4,000 die Landesgrenze nach Oberösterreich.

Im 18. Jahrhundert wurden im Salzachgebiet bei Wildshut in Oberösterreich Braunkohlevorkommen entdeckt, ab 1948 entstand bei Trimmelkam eine moderne Bergwerksanlage. Zum Abtransport der Kohle wurde eine elektrische Normalspurbahn gebaut, die in Bürmoos von der Nordlinie der Salzburger Lokalbahn abzweigt. Die Salzach-Kohlen-Bergbau-Ges. M. b. H. wurde am 18. November 1947 gegründet und begann 1948 mit den Arbeiten an der Strecke. Die Inbetriebnahme für den Güterverkehr erfolgte am 1. April 1951, für den Personenverkehr am 18. Mai 1952. Die Konzession für die Bahn wurde erst nach der Fertigstellung am 28. März 1953 erteilt. Den Betrieb führte Stern & Hafferl. Der Bergbau wurde 1993 geschlossen, am 1. Jänner 1994 wurde die Bahn an die Salzburger Stadtwerke AG verkauft, deren Verkehrsbetriebe seither den Betrieb führen. Beachtenswert ist, dass man diese Lokalbahn in Oberösterreich am 12. Dezember 2014 um 2,1 Kilometer bis Ostermiething verlängert hat.

Von Parsch bis Gaisbergspitze (5,265 Kilometer)

Der Ausgangsbahnhof Parsch der Zahnradbahn lag in 430,00 Meter Seehöhe, östlich der ursprünglichen Haltestelle Parsch der Bahn nach Wörgl, etwa 300 Meter vor der heutigen Haltestelle. Vom Bahnhof aus bog die Bahn in Richtung Osten ab, stieg mit 250 Promille an, passierte die Judenbergalpe und Zistelalpe, stieg in östlicher Richtung weiter an und erreichte nach einem Bogen den am Gipfel der Gaisberges in 1270,086 Meter Seehöhe liegenden Endbahnhof Gaisbergspitze.

Der Gaisberg findet sich bereits 1799 als Aussichtsberg beschrieben. 1840 wurde die erste Übernachtungsmöglichkeit geschaffen, 1881 am Berg ein Hotel in Betrieb genommen. Die Erteilung der Konzession zur Errichtung einer Zahnradbahn auf dem Berg erfolgte am 24. März 1886, im Juni 1886 starteten die Bauarbeiten. Nach der Prüfung am 21. Mai 1887 eröffnete man die Bahn am 29. Mai 1887. Am 25. Mai 1897 wurde die Gaisbergbahn AG gegründet, die die eingleisige Zahnradbahn „System Riggenbach“ mit einer Maximalsteigung von 250 Promille betrieb.

Bis 1917 konnte die Bahn, die jeweils von Mai bis Oktober in Betrieb stand, regelmäßig einen Überschuss erzielen. 1919 und

1920 war der Betrieb wegen Kohlenmangel eingestellt, danach stieg die Auslastung wieder auf Vorkriegsniveau. Ab 1927 sollte die Bahn saniert und modernisiert werden, doch der Landeshauptmann von Salzburg setzte den Bau einer Straße auf den Gaisberg durch, der im Februar 1928 begonnen wurde. Aus diesem Grund fuhr zu Saisonende am 30. Oktober 1928 der letzte Personenzug auf den Gaisberg. Zu Saisonbeginn 1929 war die Straße fertig, der Bahnbetrieb wurde nicht mehr aufgenommen. Die Konzession erlosch am 15. Mai 1929, der Abtrag erfolgte 1930. Am 20. Mai 1930 fuhr der letzte Abbruchzug am Streckenrest. Die Lokomotive 1, der Wagen 6 und eine Weiche wurden dem Technischen Museum in Wien angeboten, die Lok und der Wagen übernommen, die technisch beachtenswerte Weiche aber verschrottet.

Von Landesgrenze vor Kendlbruck bis Mauterndorf (25,7 Kilometer)

Die von Unzmarkt in 732,672 Meter Seehöhe entlang der Mur führende Strecke der Murtalbahn passiert vor Kendlbruck (939,100 Meter Seehöhe) in Kilometer 50,4 die Landesgrenze der Steiermark und Salzburgs. Vor dem Bahnhof Tamsweg verlässt die Bahn die Mur und strebt nun entlang der Taurach weiter bis zum Endbahnhof Mauterndorf in 1116,065 Meter Seehöhe.

Erste Projekte für eine Bahn im oberen Murtal gab es 1887. Aus Kostengründen wurde statt einer Normalspurbahn eine Schmalspurbahn gebaut. Die Erteilung der Konzession erfolgte am 7. Februar 1893, der Baubeginn mit feierlichem ersten Spatenstich am 27. August 1893, die Prüfung am 3. Oktober 1894, die Eröffnung am 9. Oktober 1894. Am 28. März 1896 wurde die AG Murtalbahn Unzmarkt-Mauterndorf gegründet.

Die Bahn erfüllte die an sie gestellten Anforderungen und brachte bis 1949 jährlich einen Betriebsüberschuss. Ein Projekt zur Verlängerung bis Unterweißenburg bekam 1914 die Baubewilligung, wurde aus Kriegsgründen jedoch nicht realisiert. Den Betrieb der Bahn führte bis zum 1. Juli 1921 die Staatsbahn, danach die Steiermärkischen Landesbahnen. Im Zuge der Modernisierung des Betriebs kam es 1933 erstmals zum Einsatz von Triebwagen.

Die Reichsbahn plante 1938 den Umbau der Bahn auf Normalspur und die Verlängerung bis Radstadt. Die Vorarbeiten für die 48 Kilometer lange Normalspurbahn von Mauterndorf nach Radstadt begannen 1939 und wurden nach Fertigstellung der

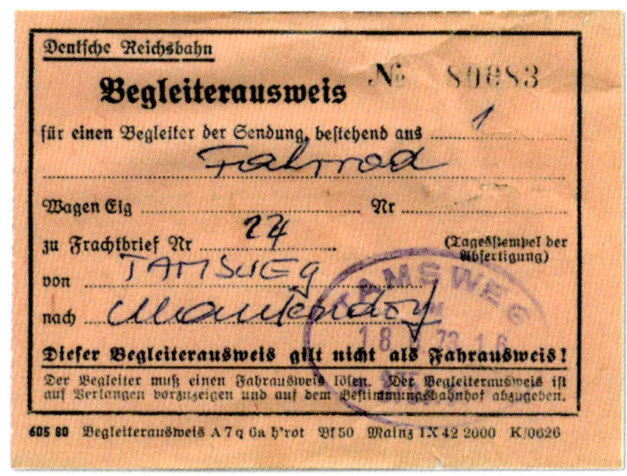
Deutsche Reichsbahn
Begleiterausweis № 89883
für einen Begleiter der Sendung, bestehend aus 1
Fahrrad
Wagen Eig .... Nr ....
zu Frachtbrief Nr 24
(Tagesstempel der Abfertigung)
von Tamsweg
nach Mauterndorf
Dieser Begleiterausweis gilt nicht als Fahrausweis!
Der Begleiter muß einen Fahrausweis lösen. Der Begleiterausweis ist auf Verlangen vorzuzeigen und auf dem Bestimmungsbahnhof abzugeben.
605 80 Begleiterausweis A 7 q 6a h'rot Vf 50 Mainz IX 42 2000 K/0626

Zusatzblatt zu einer Fahrkarte, ausgegeben vom Bahnhof Tamsweg am 18. Juni 1973. Zu beachten ist, dass man 1973 noch Vordrucke der Reichsbahn aus der Zeit von 1938 bis 1945 verwendete.

Vermessung kriegsbedingt eingestellt. Am 1. Juli 1942 wurde die AG Murtalbahn von den Steiermärkischen Landesbahnen (damals Gaubahnen) übernommen.

Der Betrieb wurde laufend modernisiert, doch das Land Steiermark musste die Ausgaben für die Murtalbahn senken, was zur Stilllegung des Betriebs zwischen Tamsweg und Mauterndorf führte. Am 31. März 1983 endete der Personenverkehr, am 9. Juli 1980 auch der Güterverkehr.

Die Einstellung war aber nicht das Ende der Bahn. Der 1969 gegründete Club 760, der Verein der Freunde der Murtalbahn, bemühte sich um die Erhaltung dieses Streckenabschnitts und konnte nach der Reparatur der Strecke am 9. Juni 1980 zwischen St. Andrä-Wölting und Mauterndorf den Museumsbahnbetrieb unter dem Namen Taurachbahn aufnehmen. Dieser Streckenabschnitt ist nun eine Anschlussbahn, die restliche Strecke bis Tamsweg ist für Überstellfahrten bis heute in Verwendung.

Die Zukunft der Murtalbahn ist gesichert, ein Sanierungsprojekt, in dem auch eine eventuelle Wiederinbetriebnahme bis Mauterndorf inkludiert ist, wurde am 28. Juli 2018 vorgestellt.

In St. Andrä-Andlwirt, dem Ausgangspunkt der Taurachbahn, steht 699.01 mit Museumszug am 16. August 1996 zur Fahrt nach Mauterndorf bereit.

Im engen Murtal zwischen Tamsweg-St. Leonhard und Madling sind am 26. Juli 2011 Steuerwagen VS42 und Triebwagen VT35 als R8716 Richtung Murau unterwegs. Diese Triebwagengarnituren präsentieren den heutigen Personenverkehr auf der Murtalbahn.

Am 17. April 1968 fährt VL 16 mit UM 54 nach der Haltestelle Tamsweg-St. Leonhard Richtung Murau. Den Hintergrund prägen der Markt Tamsweg mit der Dekanatskirche zum heiligen Jakobus dem Älteren aus 1738 und die Berge der Tauern.

Vor der Gründung der Taurachbahn führte der Club 760, der Verein der Freunde der Murtalbahn, immer wieder Sonderzüge auf der Murtalbahn. Am 18. Mai 1975 kommen U43 und U40 mit einem Sonderzug aus Mauterndorf und werden nach kurzer Fahrt den Bahnhof Mariapfarr erreichen.

Von Zell am See bis Krimml (52,736 Kilometer)

Die Pinzgauer Lokalbahn beginnt in 752,35 Meter Seehöhe im Bahnhof Zell am See der Bahn aus Salzburg, biegt dann ins Salzachtal ein und folgt der Salzach weiter bis zum Endbahnhof Krimml in 911,94 Meter Seehöhe.

1894 begannen im Oberpinzgau die ersten Vorarbeiten für eine Eisenbahn. Der Baubeginn erfolgte im März 1896, die Konzessionserteilung für die Schmalspurbahn mit 760 Millimeter Spurweite von Zell am See nach Krimml am 19. Mai 1896. Am 15. Dezember 1896 wurde die Pinzgauer Localbahn-Gesellschaft gegründet. Die Bahn wurde sehr kostensparend gebaut, und obwohl noch vieles nicht fertig war, erfolgte die Prüfung am 30. Dezember 1897, die Eröffnung am 2. Jänner 1898. Den Betrieb führte von Anfang an die Staatsbahn. Wegen der noch offenen Arbeiten wurde die Betriebsbewilligung nur provisorisch erteilt. Im Anschluss an die Nachprüfung am 30. April 1898 erhielt die Bahn am 1. Mai 1898 die endgültige Betriebsbewilligung.

Grundsätzlich entwickelte sich der Verkehr auf der Bahn gut, doch waren aufgrund der kostensparenden Bauweise viele Nacharbeiten nötig, die das vorhandene Budget sprengten. Am 29. Dezember 1905 übernahm der Staat die Bahn. Die Liquidierung der Gesellschaft endete am 2. August 1907. Der weitere Betrieb entwickelte sich gut. Das Ansteigen des Güterverkehrs aufgrund einer Windwurfkatastrophe 1926 und des Baus der Stubachkraftwerke führte am 15. Mai 1925 zur Einführung des Rollwagenverkehrs bis Uttendorf-Stubachtal und 1929 auf der restlichen Strecke. Für Züge mit Dampflokomotiven betrug die Streckenhöchstgeschwindigkeit 30 km/h. Am 15. Mai 1936 wurde für Züge mit den damals neuen dieselelektrischen Lokomotiven die Geschwindigkeit auf 50 km/h angehoben.

Den Zweiten Weltkrieg überstand die Bahn unbeschädigt. Vom Kriegsende bis zum 22. Juni 1945 ruhte der Verkehr. In den folgenden Jahren kam es zu Modernisierungen der Bahn.

Eine Erhöhung der Anzahl der Personenzüge brachte die Eröffnung des Vororteverkehrs in Zell am See am 2. Dezember 1989. 1993 wurde erstmals eine Privatisierung der Bahn in Erwägung gezogen. Gleichzeitig sank bei den Österreichischen Bundesbahnen das Interesse an dieser Bahn. Am 25. September 1998 wurde der Güterverkehr eingestellt. Am 2. Juli 2005 um 11.58 Uhr kollidierten die Züge 3310 und 3313 zwischen Mühlbach im Pinzgau und Bramberg. Die Strecke zwischen Mühlbach im Pinzgau und Krimml wurde gesperrt.

Seit der Eröffnung der Bahn hatten immer wieder Hochwässer zu schweren Zerstörungen geführt. Am 11. Juli 2005 musste der Streckenabschnitt von Piesendorf bis Mühlbach im Pinzgau aufgrund eines Hochwasserschadens gesperrt werden. Am 21. Oktober 2005 wurde der Verkehr bis Mittersill wieder aufgenommen, der Rest blieb wegen der hohen Reparaturkosten eingestellt.

Das Land Salzburg war am Weiterbestand der Bahn interessiert und beschloss am 26. Juni 2008 den Kauf. Der Kaufvertrag wurde am 30. Juni 2008 unterschrieben, am 1. Juli 2008 übernahmen die Salzburger Verkehrsbetriebe die Bahn. In der Folge ging es wieder bergauf. Am 24. November 2008 erfolgte die Wiederaufnahme des Güterverkehrs, am 23. August 2009 der erste Spatenstich zum Wiederaufbau der gesamten Bahn. Der Betrieb von Mittersill nach Bramberg wurde am 13. Dezember 2009 wieder aufgenommen, jener von Bramberg nach Krimml am 11. September 2010. Im Anschluss wurden Strecke und Fahrzeuge modernisiert.

Umstrukturierungen des Güterverkehrs bei den Österreichischen Bundesbahnen führten dazu, dass auf der Lokalbahn der Güterverkehr am 14. Dezember 2017 wieder aufgelassen wurde.

Beachtenswert ist die Steigerung der Streckenhöchstgeschwindigkeit auf heute abschnittsweise 80 km/h und die Verringerung der Fahrzeit von Zell am See nach Krimml im Personenzug von 3 Stunden im Jahr 1898 auf 1 Stunde und 23 Minuten im Jahr 2020. Die Pinzgauer Lokalbahn ist heute eine moderne und zukunftssichere Schmalspurbahn, deren Elektrifizierung bevorsteht.

Die extremen Niederschläge und Unwetter vom 17. bis 18. Juli 2021 führten im Pinzgau zum größten bisher bekannten Hochwasser. Ab Niedernsill wurden von der insgesamt 40 Kilometer langen Strecke 20 Kilometer schwer beschädigt. Nach dem Hochwasser konnte der Zugsverkehr nur von Zell am See bis Niedernsill wieder aufgenommen werden. Die Reparatur der Strecke soll bis Ende 2021 den Zugsverkehr bis Uttendorf-Stubachtal und bis Mitte 2022 bis Krimml wieder ermöglichen.

Am Bahnsteig der Pinzgauer Lokalbahn wartet 5090.001 auf die Abfahrt. Am 9. Dezember 1990 ist, wie man am Bahnsteigdach erkennen kann, der Umbau des Bahnhofs Zell am See voll im Gange.

Am 22. Juli 1961 verlässt 998.01 mit Personenzug ZK 23 den Bahnhof Niedernsill. Hinter dem Zug erkennt man die 1865/1866 gebaute Pfarrkirche zur heiligen Lucia.

Am 23. September 2014 fährt Vs 82 mit Wendezug 2 neben dem Hinkelsteinbad in Piesendorf und wird gleich die Haltestelle Piesendorf Bad erreichen. Der erste Wagen hinter der Lok ist der Fahrradtransportwagen. Wendezüge dieser Art prägen heute den Personenverkehr der Pinzgauer Lokalbahn.

Am 9. Juli 1962 ist 298.05 mit dem Güterzug in Krimml eingetroffen. Den Rollwagenverkehr gab es von 1929 bis zur Auflassung des Güterverkehrs am 14. Dezember 2017.

Die Nebenbahnen in Kärnten

Von der Landesgrenze bei Obdach bis Staatsgrenze nächst Lavamünd (61,391 Kilometer)

Die aus Zeltweg kommende Bahn überschreitet nach dem Obdacher Sattel in Kilometer 22,545 die Landesgrenze von Steiermark und Kärnten und fällt mit bis zu 27 Promille ins Lavanttal ab, das bei Reichenfels-St. Peter erreicht wird. Die Strecke folgt anschließend der Lavant bis zum derzeitigen Streckenende in St. Paul. Ursprünglich ging es der Lavant entlang weiter abwärts bis zum Bahnhof Dravograd (damals Unterdrauburg) an der heutigen Staatsgrenze in Kilometer 83,936.

Der Bau der Lokalbahn von Dravograd nach Wolfsberg wurde am 12. März 1876 per Gesetz angeordnet. Die Kosten übernahm der Staat. Die Arbeiten begannen im April 1878, am 29. August 1879 wurde mit der Südbahn der Betriebsvertrag abgeschlossen, am 4. Oktober 1879 fand die Eröffnung der 38,226 Kilometer langen, eingleisigen Nebenbahn mit 15 km/h Streckenhöchstgeschwindigkeit statt. Ab 1. Jänner 1889 führte die Staatsbahn selbst den Betrieb.

1886 gab es erste Pläne einer Verlängerung der Bahn bis Zeltweg. Die Erteilung der Konzession für die Hauptbahn von Zeltweg nach Wolfsberg erfolgte am 22. Juni 1897, die Gründung der Gesellschaft Lokalbahn Zeltweg-Wolfsberg am 19. Oktober 1897. Baubeginn war im Juli 1898, die Prüfung am 9. Jänner 1900, die Eröffnung am 10. Jänner 1900. Die Bahn von Zeltweg nach Wolfsberg war eingleisig, wurde von der Staatsbahn betrieben und erzielte bis 1929 einen Betriebsüberschuss. Die Verstaatlichung erfolgte am 6. November 1934.

Nach der Fertigstellung der Hauptbahn von Zeltweg bis Wolfsberg versuchte man die Lokalbahn nach Dravograd linienmäßig zu verbessern. Dazu gehörte der Piestätter-Tunnel bei Ettendorf, an dessen Errichtung man vom November 1906 bis Juli 1907 arbeitete. Da das Gestein hier jedoch sehr instabil war, stellte man den Bau ein und verschüttete die vorhandene Tunnelbaustelle.

Die Eröffnung der Jauntalbahn am 10. Oktober 1964 leitete das Ende der Strecke ab St. Paul ein. Der Verkehr über die heutige Staatsgrenze wurde unbedeutend, und so fuhr am 29. Mai 1965 der letzte Zug von Lavamünd nach Dravograd. Der Personenverkehr von St. Paul nach Lavamünd endete am 1. Juni 1997, der Güterverkehr am 27. März 2000. Vom 26. Oktober 2002 bis 2007 wurde die Strecke für Nostalgieverkehr und Güterverkehr als Anschlussbahn verwendet, die endgültige Einstellung folgte am 30. September 2011.

Nach 2010 verlor die Strecke weiter an Bedeutung. Der Personenverkehr wurde ab 30. Juli 2010 zwischen Zeltweg und Bad St. Leonhard im Schienenersatzverkehr geführt und am 11. Dezember 2011 eingestellt. Am 10. Dezember 2017 erfolgte die Einstellung bis St. Paul. Im Zuge des Baus der Koralpenbahn sind im Moment im Bereich St. Paul größere Umbauten im Gange. Derzeit ist vorgesehen, mit der Fertigstellung der Koralpenbahn die Streckenabschnitte von Zeltweg nach Frantschach-St. Gertraud und vom neuen Bahnhof Lavanttal nach St. Paul aufzulassen.

Die Lokomotiven 2143 051, 2143 053 und 2043 063 haben am 2. Juni 2001 mit Güterzug 66 565 den Bahnhof Bad St. Leonhard verlassen und fahren nun das Lavanttal abwärts. Drei Lokomotiven benötigte der Zug zur Auffahrt auf den Obdacher Sattel.

Am 31. Juli 1958 hält 135.339 mit Personenzug ZD 18 im Bahnhof Preblau-Sauerbrunn. Der Bahnhofname erinnert an das bekannte Mineralwasser Preblauer.

Im Bahnhof Reichenfels-St. Peter hält 2043 006 mit Regionalzug 4559. Am 2. Juni 2001 besteht hier noch der Bahnhof, er wird am 13. August 2007 zur Haltestelle rückgebaut und am 11. Dezember 2011 aufgelassen.

Am 22. Jänner 1974 ist 5081.02 mit Personenzug im Bahnhof Lavamünd eingelangt. Zwei Jahre später wird hier noch das Aufnahmsgebäude renoviert, am 1. Jänner 1990 der Bahnhof jedoch zur unbesetzten Halte- und Ladestelle abgewertet und am 30. September 2011 aufgelassen.

Von Treibach-Althofen bis Klein Glödnitz (28,848 Kilometer)

Die Gurktalbahn beginnt am Bahnhof Treibach-Althofen der Strecke aus St. Valentin und fällt bis zum derzeitigen Ende bei Pöckstein ins Tal der Gurk ab. Ab hier führte die Bahn auf der Nordseite der Gurk bis zum Endbahnhof Klein Glödnitz.

1884 wurden in einem Führer durch Kärnten erstmals die Schönheiten des Gurktals beschrieben. 1894 begann man mit Planungen für den Bau einer Bahn im Gurktal. Nach Projekten zum Bau einer Straßenbahn und einer Normalspurbahn wurde am 20. August 1897 für eine schmalspurige Bahn von Treibach-Althofen nach Klein Glödnitz die Konzession erteilt und am 5. Mai 1898 die Gurktalbahn AG gegründet. Der Bauarbeiten an der eingleisigen Bahn begannen im Dezember 1897. Nach der Prüfung am 7. Oktober 1898 wurde die Strecke am 9. Oktober 1898 eröffnet.

Die Bahn erwirtschaftete bis 1918 einen Gewinn, darauf wechselten Jahre mit Verlust und solche mit Gewinn. Am 1. Jänner 1932 wurde die Bahn verstaatlicht und 1936 erstmals eine Betriebseinstellung untersucht. Wegen der Notwendigkeit von Holztransporten blieb die Bahn weiter in Betrieb. 1961 wurden Oberbauarbeiten an der Strecke durchgeführt. 1965 prüften die ÖBB insgesamt 52 Nebenbahnen auf ihre Wirtschaftlichkeit und beschlossen, bei passender Gelegenheit die Gurktalbahn aufzulassen.

Am 5. Juni 1968 unterwusch ein Regenguss eine 6 Meter lange Gleisstrecke. Dies nutzte man zur Auflassung des Gesamtverkehrs zwischen Straßburg und Klein Glödnitz und des Personenverkehrs auf der gesamten Strecke. Ab Mai 1969 wurde das Gleis von Straßburg bis Klein Glödnitz abgetragen. Am 11. Februar 1972 endete der restliche Güterverkehr. Im März und April 1973 folgte der Abtrag der Strecke zwischen Pöckstein-Zwischenwässern und Straßburg.

Am 4. April 1969 war der Verein der Kärntner Eisenbahnfreunde gegründet worden. Sein Ziel, die Strecke zwischen Treibach-Althofen und Gurk in eine Museumsbahn umzuwandeln, wurde zu einem großen Teil von der Politik verhindert, letztlich konnten nur die ersten 3,270 Kilometer von Treibach-Althofen bis Pöckstein-Zwischenwässern am 1. Juni 1974 als Museumsbahn in Betrieb genommen werden.

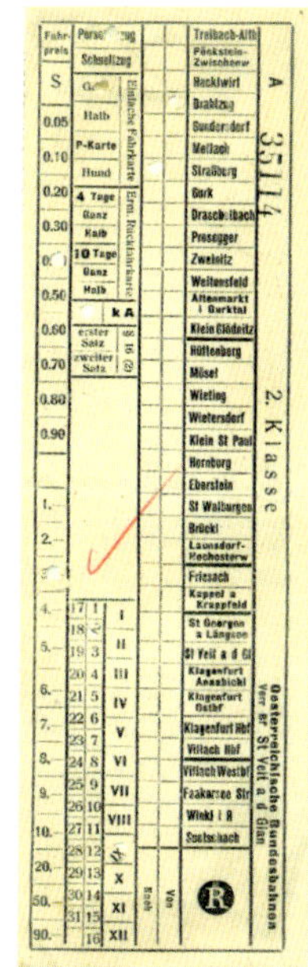

Vom Schaffner am 2. August 1967 ausgegebene Fahrkarte der Gurktalbahn.

Der Musemszug mit Lok 8 ist am 3. Juni 1974 in der Endstelle Pöckstein-Zwischenwässern bereit zur Fahrt auf der 3,2 Kilometer langen Museumsbahn bis Treibach-Althofen.

Am 2. September 1962 hat 298.25 mit Personenzug GT 66 den Bahnhof Straßburg verlassen. Gut zu sehen ist die zwischen 1131 und 1167 erbaute ehemalige Bischofsburg.

Am 2. September 1962 fährt 298.25 mit GT 65 nach dem Bahnhof Gurk Richtung Treibach-Althofen. Den Hintergrund prägen die beiden Türme des ab 1131 gebauten romanischen Gurker Domes.

Im Bahnhof Gurk hält am 2. August 1958 199.02 mit GT62. Neben einigen Güterwagen führt der Zug auch die Post für das Gurktal mit.

Von Launsdorf-Hochosterwitz bis Hüttenberg (29,451 Kilometer)

Die Strecke zweigt im Bahnhof Launsdorf-Hochosterwitz von der Strecke aus St. Valentin ab und führt der Gurk folgend bis Brückl. Hier biegt die Bahn nach Norden ab und gelangt im Tal der Görschitz in Kilometer 17,800 bei Wietersdorf zum heutigen Streckenende. Ursprünglich ging es in diesem Tal weiter bis Hüttenberg.

Bereits bei der Planung der Hauptstrecke von St. Valentin nach Villach beabsichtigte die Kronprinz Rudolf-Bahn den Bau einer Abzweigstrecke ins Görschitztal von Launsdorf-Hochosterwitz bis Mösel. Die Konzession für diese Strecke wurde am 11. November 1866 gemeinsam mit jener für die Hauptstrecke erteilt. Die Bauarbeiten begannen 1867, die Prüfung erfolgte am 23. März 1869, die Eröffnung am 30. September 1869. Die restliche Strecke bis Hüttenberg baute die Hüttenberger Eisenwerksgesellschaft, die Konzession dafür erhielt sie am 12. September 1869. Der Betrieb wurde auf diesem Streckenabschnitt in drei Schritten aufgenommen: am 5. Oktober 1870 als Bergwerksbahn, am 20. November 1870 für den öffentlichen Güterverkehr und am 10. März 1891 auch für den Personenverkehr.

Die gesamte eingleisige Bahn wurde von der Kronprinz Rudolf-Bahn betrieben. Wie auf der Hauptstrecke übernahm die Staatsbahn am 1. Jänner 1880 den Betrieb, die eigentliche Verstaatlichung bis Mösel erfolgte am 1. Jänner 1884. Die den Hüttenwerken gehörige Strecke ab Mösel wurde ebenfalls von der Staatsbahn betrieben, aber erst am 10. Juli 1941 von dieser gekauft.

Erztransporte sicherten den Bestand der gesamten Bahn bis Hüttenberg, doch am 30. Juni 1978 musste das Bergwerk in Hüttenberg schließen. Die Folge: Am 31. Mai 1992 wurde der Personenverkehr von Klein St. Paul bis Hüttenberg und am 20. März 1995 jener von Launsdorf-Hochosterwitz nach Klein St. Paul eingestellt. Der Güterverkehr von Mösel nach Hüttenberg endete am 30. April 1994, jener von Wietersdorf nach Mösel am 1. Juli 1995.

Aufgrund des Umbaus des Bahnhofs Launsdorf-Hochosterwitz wurden die ersten 1,16 Kilometer der Strecke am 6. November 1995 umgelegt. Am 6. Juni 2011 begann der Gleisabtrag von Wietersdorf nach Hüttenberg.

Derzeit ist die Bahn bis zum Zementwerk in Wietersdorf in Betrieb, der Weiterbestand ist von der Entwicklung des Güterverkehrs abhängig.

52.2436 ist am 22. Oktober 1968 mit Güterzug aus Hüttenberg kommend im Bahnhof Eberstein eingetroffen. Im Morgendunst sieht man das im 12. Jahrhundert erstmals erwähnte Schloss Eberstein.

Am 19. Juli 1956 verschiebt 86.847 im Bahnhof Mösel. An der Größe der Gleisanlage und den vielen Wagen erkennt man, welche Bedeutung diese Bahn einstmals gehabt hat.

Im Endbahnhof Hüttenberg stehen am 1. Februar 1991 6546 213 und 5046 212 als Regionalzug 4387. Die Ruhe, die seit der Auflassung des Erzbergwerkes hier vorherrscht, lässt die Stilllegung der Strecke einige Jahre später vorahnen.

Von Weizelsdorf bis Ferlach (5,703 Kilometer)

Die Strecke zweigt in Weizelsdorf von der Bahn aus Klagenfurt ab und führt in östlicher Richtung bis zum Endbahnhof in Ferlach.

Mit dem Bau der Strecke von Klagenfurt nach Rosenbach sollte auch der Industrieort Ferlach einen Bahnanschluss erhalten. Das Gesetz zum Bau der Bahn (das der Konzession entspricht) trat am 14. Juli 1903 in Kraft, die Bauarbeiten begannen im Mai 1905, die Betriebsaufnahme erfolgte am 5. Dezember 1906.

Die Beförderung von Personen auf der Strecke war unbedeutend, bereits 1932 wurde versucht, die Kosten zu reduzieren. Ab 29. Jänner 1951 wurden sie im Schienenersatzverkehr geführt, und am 20. Mai 1951 ließ man die Strecke endgültig auf. Die Änderungen im Güterverkehr führten ab Mitte 1997 zur Auflassung des Güterverkehrs. Danach pachtete die Museums Betriebs-GesmbH die Strecke und kaufte sie am 31. August 2001. Seither ist sie eine Anschlussbahn und als Museumsbahn in Betrieb, wobei sie im Bereich von Ferlach bis zum Museumsgelände seit dem 21. August 2011 elektrifiziert ist.

Am 18. Juli 1956 verschiebt die 57.214 im Bahnhof Ferlach.

Am 23. September 2009 herrscht in Ferlach reger Museumsbahnbetrieb. Die Kleinlokomotive X130.02 führt den Triebwagen 20 113 von Stern & Hafferl. Heute kann der Triebwagen hier auch mit eigener Kraft fahren, da die Strecke vom Bahnhof Ferlach bis zum Museumsgelände elektrifiziert ist.

Von Völkermarkt-Kühnsdorf bis Eisenkappel (17,540 Kilometer)

Die Strecke begann im Bahnhof Völkermarkt-Kühnsdorf und gelangte in südlicher Richtung etwa dem Seebach folgend zum Götzelsdorfer See, der am Ostufer umfahren wurde. Dann fiel sie ins Vellachtal ab und führte ab Miklauzhof am Ostufer der Vellach aufwärts bis zum Endbahnhof Eisenkappel.

Im 16. Jahrhundert entstand im Vellachtal eine Reihe von Handwerksbetrieben zur Herstellung von Schmiedeeisen. Hier gab es genug Wasserkraft zum Antrieb der Eisenhämmer und Holz zur Herstellung der Holzkohle, um das angelieferte Roheisen zu verarbeiten. Das Sinken der Transportkosten durch den Ausbau des Bahnnetzes machte die nur über Straßen erreichbaren Betriebe unwirtschaftlich. 1890 und 1892 wurde in Rechberg am Platz des 1884 geschlossenen letzten Betriebes eine Zellulose- und Papierfabrik gebaut.

1894 plante man eine Bahn von Völkermarkt nach Eisenkappel. Die Erteilung der Konzession erfolgte am 17. Februar 1900, die Gründung der AG Lokalbahn Kühnsdorf-Eisenkappel am 23. März 1901, der Baubeginn im August 1901. Nach der Prüfung am 26. September 1902 wurde die Strecke am 5. Oktober 1902 eröffnet. Den Betrieb der eingleisigen Schmalspurbahn mit 760 Millimeter Spurweite führte zunächst die Südbahn, ab 1. Jänner 1924 die Staatsbahn. Der wichtigste Kunde der Bahn war die Fabrik in Rechberg.

Im Vellachtal führten Hochwässer immer wieder zu Beschädigungen der Bahn und der Fabrik. Ab 1917 verzeichnete die Bahn einen Betriebsabgang, was am 1. Jänner 1931 die Verstaatlichung zur Folge hatte. Auf der Strecke wurden außer der laufenden Erhaltung keine weiteren Investitionen vorgenommen, sodass schließlich mit der Einstellung gerechnet werden musste.

Am 16. Jänner 1965 kam es am Morgen wegen Lawinengefahr zur Einstellung des Zugsverkehrs ab Rechberg. Nach dem Abgang einer Lawine und der Räumung der Strecke wurde der Verkehr wieder aufgenommen. Eine weitere Lawine ließ den Abendzug VE 67 entgleisen. Diesen Vorfall nützte man zur endgültigen Einstellung des Personenverkehrs. Am 2. Mai 1966 endete der Güterverkehr zwischen Rechberg und Eisenkappel, am 22. Mai 1971 auf der Reststrecke von Völkermarkt nach Rechberg. Der Gleisabtrag erfolgte zwischen Rechberg von Eisenkappel 1968, auf der übrigen Strecke 1971.

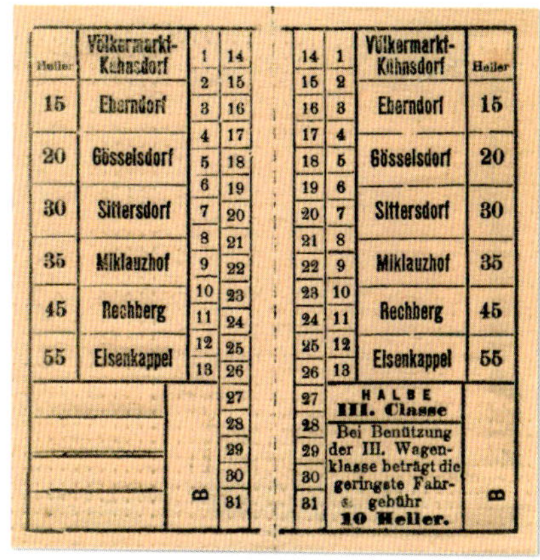

Doppelzettelkarte des Schaffners im Format von 89 x 94 mm. Diese Karten wurden vor dem Verkauf gefaltet und gelocht. Eine Hälfte bekam der Reisende, die zweite verblieb beim Schaffner zur Abrechnung.

Mit einer mächtigen Rauchwolke zieht am 26. August 1967 die 699.01 den Nachmittagsgüterzug die Steigung nach Völkermarkt-Kühnsdorf aufwärts. Die Lok ist heute auf der Taurachbahn im Einsatz.

399.01 fährt am 21. Juli 1969 mit einem Güterzug neben dem Gösselsdorfer See Richtung Rechberg.

699.101 und VE 63 fahren am 3. September 1962 im sehr engen Tal nach Rechberg zum Endbahnhof Eisenkappel.

Am 13. Juli 1962 ist die 699.101 mit dem Personenzug im Bahnhof Eisenkappel eingelangt.

Von Arnoldstein bis Kötschach-Mauthen (61,714 Kilometer)

Die Bahnstrecke zweigt im Bahnhof Arnoldstein von der Bahn aus St. Valentin ab, biegt nach Norden und übersetzt die Gail. Nun ändert die Strecke die Richtung nach Westen und gelangt auf der Nordseite der Gail über Hermagor nach Kötschach-Mauthen.

Bereits 1890 plante man eine Eisenbahn im Gailtal bis Hermagor. Die Erteilung der Konzession erfolgte am 11. Juni 1893, der Baubeginn im Juli 1893, die Prüfung der Bahn am 6. August 1894 und die Inbetriebnahme der eingleisigen Strecke am 11. August. Den Betrieb führte die Staatsbahn. Am 29. Jänner 1894 wurde die AG Gailtalbahn Arnoldstein-Hermagor gegründet.

1906 begann man die Verlängerung der Bahn bis Kötschach-Mauthen zu planen. Die Realisierung des Vorhabens verzögerte sich aus finanziellen Gründen immer wieder.

Im Ersten Weltkrieg benötigte das Militär zur Versorgung der Truppen dringendst diese Bahn und ließ sie als Militärbahn errichten, dazu wurde am 1. September 1915 ein Vertrag mit der Baufirma Ing. Josef Riehl unterzeichnet, der die Fertigstellung der Strecke für den Militärverkehr bis 15. Dezember 1915 vorsah. Im September stellte das Militär 1500 Kriegsgefangene und im November zusätzlich 8200 Mann zur Verfügung. Am 13. November 1915 erfolgten von Hermagor bis Dellach mit Bauzügen die ersten Militärtransporte. Am 18. Dezember 1915 wurde der Militärverkehr bis Dellach aufgenommen. Die weitere Strecke bis Kötschach-Mauthen lag im Schussbereich der italienischen Truppen, daher verzögerte sich hier die Fertigstellung. Nach dem Rückzug der Italiener im Oktober 1917 verlor die Bahn ihre militärische Bedeutung. Das Eisenbahnministerium bemühte sich um die Aufnahme des Zivilverkehrs. Am 1. Februar 1918 wurde auf der Strecke der öffentliche Gesamtverkehr bis Dellach und der Güterverkehr bis Kötschach-Mauthen in Betrieb genommen. Am 1. Juni 1918 folgte der öffentliche Personenverkehr bis Kötschach-Mauthen. Am 1. Jänner 1920 übernahm die Hauptanstalt für Sachdemobilisierung (eine Dienststelle, die nicht mehr benötigte Militäreinrichtungen verwaltete) die Militärbahn, am 1. Juli 1921 kaufte die AG Gailtalbahn die Strecke und erhielt am 16. Jänner 1923 die Konzession dafür.

Finanziell war die Bahn wenig erfolgreich und sorgte nur wenige Jahre für Gewinn, daher wurde sie am 1. Jänner 1930 verstaatlicht. In den folgenden Jahren führte man laufend Verbesserungen durch, doch auch moderne Fahrzeuge änderten nichts an der finanziellen Situation.

Im Jahr 2010 begannen die Vorarbeiten für einen Schnellbahnverkehr in Kärnten mit der Elektrifizierung der Strecke bis Hermagor und der Auflassung der Strecke ab dort. Am 9. Dezember 2012 wurde der Güterverkehr von Kirchbach im Gailtal bis Kötschach-Mauthen und am 11. Dezember 2016 der Gesamtverkehr ab Hermagor eingestellt. Die Strecke von Arnoldstein bis

Hermagor wurde vom 9. Juli 2018 bis 11. November 2018 und vom 6. Mai 2019 bis 14. Dezember 2019 für die Streckensanierung und Elektrifizierung gesperrt. Die Aufnahme des elektrischen Betriebs erfolgte am 14. Dezember 2019.
Um den Weiterbestand der Strecke bis Kötschach-Mauthen bemüht sich die Gailtalbahn Betriebs GmbH, die die Strecke als Anschlussbahn weiter verwenden will.

Von Arnoldstein bis Hermagor ist die Strecke elektrifiziert. Am 11. September 2020 steht der Zug 4238 der S4 mit 4746 088 im Bahnhof Hermagor.

Bei Kötschach-Mauthen in Kilometer 60,3 fährt am 18. August 1953 der 5070.03 mit Personenzug nach Villach.

Am 27. Jänner 1991, einem herrlichen Wintertag, entstand dieses Foto der 2043 012 mit Regionalzug 4840 vor der Abfahrt im Bahnhof Kötschach-Mauthen.

Von Schoberboden bis Reißeck Seenplateau (3,333 Kilometer)

Die Bahn begann bei der Station der Standseilbahn auf den Schoberboden und führte durch den 2,130 Kilometer langen Unteren Hauptstollen bis zum Sporthotel Reißeck-Seenplateau.

Im Seenplateau am Reißeck ist am 24. August 1960 ein Zug zur Standseilbahn abfahrbereit. Der beschränkt öffentliche Verkehr wurde damals mit solch einfachen Fahrzeugen abgewickelt.

1947 begann der Bau der Kraftwerksgruppe im Reißeck-Kreuzeck-Gebiet. Für den Kraftwerksbau entstanden Standseilbahnen und schmalspurige Baubahnen mit 600 Millimeter Spurweite. Nach Bauende blieben die für die Wartung der Anlagen erforderlichen Bahnen erhalten, die übrigen wurden wieder abgetragen. Die Höhenbahn von der Standseilbahn zum Seenplateau wurde am 1. Juli 1953 fertiggestellt und erhielt für den Transport der Bauarbeiter beschränkt öffentlichen Personenverkehr. Nach Bauende durften auch Touristen die Bahn bis zum Hotel am Seenplateau benützen. Am 14. September 1965 wurde der Bahn die Konzession erteilt, zwei Tage später nahm sie den öffentlichen Verkehr auf.

2013 plante man den Umbau des Tunnels und den Ersatz der Bahn durch einen Bus. Am 2. August 2014 beschädigte ein Unwetter die Strecke vom Tunnelausgang bis zum Hotel schwer, was zur Betriebseinstellung führte. Am 9. August 2014 wurde der Betrieb durch den Tunnel wieder aufgenommen, zu Ende der Saison am 7. September 2014 jedoch endgültig eingestellt. Der Tunnel wurde umgebaut, der Busverkehr nach der Sperre des Hotels nicht mehr aufgenommen.

Auf der Reißeckbahn ist am 7. September 1995 der 1983 gebaute, geschlossene Zug in der Endstelle beim Sporthotel eingelangt.

Die Straßenbahnen

Salzburg

Die Pferdebahn benützte die Lokalbahnstrecke vom Hauptbahnhof bis zur Staatsbrücke und vom Bahnhof Nonntal bis Parsch mit. Die eigene Strecke führte über Staatsbrücke, Rudolfskai, Klampfergasse, Residenzplatz und Mozartplatz bis zur Einmündung in die Lokalbahn beim Bahnhof Nonntal. Die Abzweigstrecke gelangte vom Residenzplatz hinter dem Dom bis zur Festungsgasse.

Die elektrische Straßenbahn benützte die Lokalbahnstrecke vom Hauptbahnhof bis zur Markus-Sittikus-Straße mit. Die eigene Strecke führte über Rainerstraße, Mirabellplatz, Dreifaltigkeitsgasse, Platzl, Staatsbrücke, Rathausbogen, Kranzlmarkt, Ludwig-Viktor-Platz, Universitätsplatz, Neutor und Neutorstraße bis Riedenburg.

Schaffnerkarte der Pferdebahn Salzburg.

Schaffnerkarte der elektrischen Stadtbahn Salzburg.

Für das erste Projekt einer Pferdestraßenbahn in Salzburg, die vom Hauptbahnhof bis zum Mozartplatz führen sollte, wurde am 14. Februar 1880 die Baubewilligung erteilt. Die Umsetzung unterblieb jedoch.

Am 15. Oktober 1887 wurden auf der Lokalbahn vom Bahnhof bis zur Haltestelle Bazar zwischen den Zügen Fahrten mit Pferdebahnwagen aufgenommen. Dies gab man wegen Misserfolgs am 30. Dezember 1887 wieder auf.

Die Stadtgemeinde Salzburg wünschte sich bereits ab 1884 eine Pferdestraßenbahn in die Altstadt. Nach langen Verhandlungen konnte die Trasse festgelegt werden, und am 4. April 1892 erhielt die Salzburger Eisenbahn- und Tramway-Gesellschaft die Konzession dafür. Der Bau begann sofort. Die Prüfung erfolgte am 29. Juli 1892, die Betriebsaufnahme vom Hauptbahnhof bis Residenzplatz am 4. August 1892. Am 16. August 1892 fand die Prüfung der Reststrecke statt, am 17. August 1892 ging sie bis zum Bahnhof Inneres Nonntal (Künstlerhaus) in Betrieb. Am 1. Mai 1893 wurde die Pferdebahn bis Parsch eröffnet.

Am 12. Dezember 1892 erfolgte die Konzessionserteilung für die Abzweigstrecke vom Residenzplatz bis zum Anfang der Festungsgasse (in der Nähe der Talstation der Festungsbahn). Die Bauarbeiten begannen im Frühjahr 1893, die Prüfung fand am 25. April 1893 statt, die Inbetriebnahme am 1. Mai 1893.

Die Pferdebahn blieb trotz aller Bemühungen defizitär, daher sollte sie durch eine elektrische Straßenbahn ersetzt werden. Die Pferdebahn wurde am 10. Dezember 1899 stillgelegt, am 1. Juli 1900 jedoch wieder in Betrieb genommen, da sich der Bau der elektrischen Straßenbahn verzögerte. Ab 15. Juni 1903 wurde die Pferdebahn nur mehr bis zur Ausweiche Bazar geführt. Die Konzession für sie erlosch am 30. Jänner 1909.

1897 hatten die Planungen einer elektrischen Straßenbahn in Salzburg begonnen. Zuerst bemühte sich Siemens & Halske um die Straßenbahn, dann die Stadt Salzburg selbst. Im Oktober 1908 starteten die Arbeiten an der Straßenbahn, die den Namen Stadtbahn erhielt. Die Arbeiten hatten bereits begonnen, als die Stadt Salzburg am 19. Oktober 1908 die Baubewilligung und am 30. Dezember 1908 die Konzession für die Linie vom Hauptbahnhof bis Ludwig-Viktor-Platz erhielt. Die Prüfung des Abschnitts vom Bahnhof bis Platzl erfolgte am 1. Mai 1909, die Inbetriebnahme am 4. Mai 1909. Die Strecke war bis zum Mirabellplatz zweigleisig, auf der übrigen Strecke eingleisig. Bis Ludwig-Viktor-Platz erfolgte die Prüfung am 2. Juli 1909, die Inbetriebnahme am 3. Juli 1909.

Die Abfahrstelle der Stadtbahn lag auf der Südseite vor dem Bahnhofs- und Direktionsgebäude am Lokalbahnhof. Für den Weiterbau bis zur Riedenburgstraße erhielt die Stadtgemeinde Salzburg am 17. Jänner 1915 die Konzession. Als Erstes wurde das Gleis bis vor die Winterreitschule (heute Festspielhaus) fertiggestellt, für den Güterverkehr der Militärverwaltung am 13. April 1915 geprüft und in Betrieb genommen. Bis zur Fürstenbrunnstraße folgte die Inbetriebnahme am 1. März 1916. Die restliche Strecke bis Neutorstraße/Ecke Bayernstraße wurde am 29. November 1916 geprüft und am 29. November 1916 in Betrieb genommen. Den Betrieb der Stadtbahn führte die Salzburger Eisenbahn- und Tramway-Gesellschaft. Der Ausbau der Stadtbahn war mehrfach geplant, unterblieb jedoch. Bald wollte man daher den unwirtschaftlichen Betrieb wieder aufgeben.

Ab Mitte der 1930er-Jahre plante man die Neuordnung des Verkehrs in Salzburg. Der O-Bus sollte das Verkehrsmittel der Zukunft sein und die Stadtbahn ersetzen. Der Betrieb der Stadtbahn vom Sigmundsplatz bis zur Riedenburgstraße endete am 25. September 1940, vom Platzl bis zum Sigmundsplatz am 22. Oktober 1940 und vom Hauptbahnhof bis zum Platzl am 5. November 1940. Seither ist der O-Bus das einzige öffentliche Verkehrsmittel in der Stadt Salzburg. Er startete am 1. Oktober 1940 auf einer 2,5 Kilometer langen Linie mit drei Bussen und hat heute zwölf Linien mit 73 Kilometer Länge sowie 120 Bussen.

Anlässlich des Jubiläums „100 Jahre elektrischer Verkehr in der Stadt Salzburg“ wurde am Mirabellplatz im Oktober 2009 ein 120 Meter langes Auflegegleis gebaut, auf dem der Stadtbahnwagen 4 für das Publikum gefahren ist. Das Bild zeigt den Wagen am 7. Oktober 2009 vor dem Schloss. Hier wird sich in Zukunft die Endstelle der unterirdischen Verlängerung der Lokalbahn befinden.

Klagenfurt

Das Projekt einer Pferdebahn in Klagenfurt stammt aus dem Jahr 1883. 1886 folgte der Plan einer Dampftramway. 1891 wurde die Pferdebahn realisiert. Die Konzession für die Strecke vom Südbahnhof bis zur Schwimmschule mit 1000 Millimeter Spurweite und 5,783 Kilometer Länge wurde am 15. Mai 1891 dem Unternehmer Adolf Springer erteilt. Die ersten Probefahrten am 4. Juli 1891 waren erfolgreich und ermöglichten die provisorische Inbetriebnahme vom Südbahnhof bis zum Römerbad am 5. Juli 1891. Die Prüfung der gesamten Strecke bis zur Schwimmschule am Wörthersee fand am 27. Juli 1891 statt, die Betriebsaufnahme am 30. Juli 1891.

Die Bahn wurde vom Konzessionär betrieben und erwirtschaftete einen Reingewinn. Die Stadt Klagenfurt bemühte sich um die Einführung des elektrischen Betriebs, dazu kaufte sie am 1. Jänner 1909 die Pferdebahn. Am 10. Oktober 1910 endete der Pferdebetrieb vom Heiligengeistplatz bis zum See, am 17. November 1910 auf der restlichen Strecke.

Am 1. Februar 1910 entschied sich die Stadt Klagenfurt für die Realisierung des Projekts einer elektrischen Straßenbahn von Siemens. Die Bauarbeiten begannen im August 1910. Beachtenswert ist, dass die Konzession erst am 13. Juli 1913, zwei Jahre nach der Betriebsaufnahme, erteilt wurde. In Betrieb genommen wurden folgende eingleisige Linien mit 1000 Millimeter Spurweite:

- Hauptbahnhof bis Theaterplatz am 6. Mai 1911.
- Heiligengeistplatz bis Südbahnkreuzung am 21. Juni 1911.
- Schillerpark bis Kreuzbergl am 25. Juni 1911.
- Südbahnkreuzung bis Klagenfurt See am 15. Juli 1911.
- Theaterplatz bis Glanbrücke am 18. September 1911.
- Glanbrücke bis Annabichl am 22. Oktober 1911.
- Klagenfurt See bis Strandbad am 1. Juni 1935.
- Strandbad bis Lorettoweg am 5. Dezember 1947.

Bei der Südbahnkreuzung gab es eine Gleiskreuzung zwischen Straßenbahn und Hauptbahn.

Die Straßenbahn bewährte sich und brachte bis 1927 einen Betriebsüberschuss. Der geplante Bau von Linien ins Umfeld von Klagenfurt wurde nicht realisiert. Wohl erfolgten einige Verbesserungen im Streckennetz, doch unterblieb die Modernisierung des Wagenparks. 1938 waren 14.138 Meter an Gleisen und 54 Weichen in Betrieb.

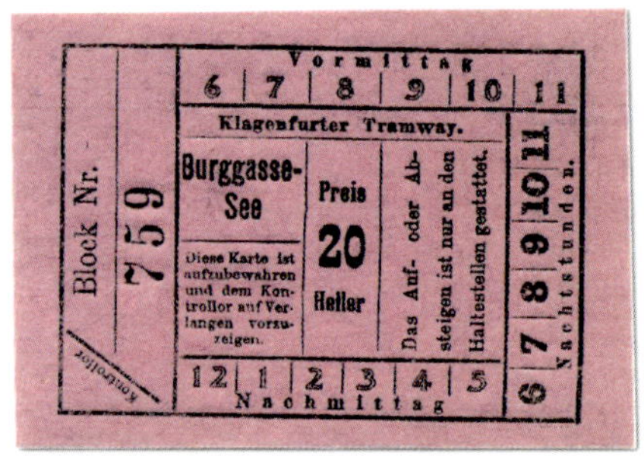

Schaffnerkarte der Klagenfurter Tramway.

Der erste Bombenangriff auf Klagenfurt am 16. Jänner 1944 beschädigte die Linie zum Kreuzbergl. Um sich die Reparatur zu ersparen, wurde die Linie aufgelassen.

Nach 1954 plante man den zweigleisigen Ausbau der Linie zum Wörthersee, doch der Gemeinderat entschied sich für die Auflassung des gesamten Straßenbahnbetriebs. Am 16. April 1963 um 16.39 Uhr fuhr der Wagen 23 mit Festgästen als letzter Straßenzug vom Heiligengeistplatz bis zum Hauptbahnhof.

Neben der Straßenbahn gab es vom 6. August 1944 bis 16. April 1963 zwei O-Bus-Linien mit 8,3 Kilometer Länge und acht Bussen.

Am Neuen Platz fahren am 1. November 1959 die Wagen 7 und 61 zum Hauptbahnhof.

Den Heiligengeistplatz neben dem Landhaus verlassen am 1. November 1959 die Wagen 22, 62 und 63 zum Hauptbahnhof. Im Hintergrund stehen links die Wagen 5 und 64 sowie rechts 57, 50 und 23.

Am 31. Oktober 1959 stehen die Wagen 2 und 58 in der Haltestelle beim Hauptbahnhof in Klagenfurt.

1959 wurde der Verein Kärntner Eisenbahnfreunde gegründet, der sich um die Erhaltung von Klagenfurter Straßenbahnwagen und den Bau einer Museumslinie bemühte. 1976 konnte eine 750 Meter lange Strecke mit 1000 Millimeter Spurweite südlich des Strandbades gebaut werden. Nach Probefahrten im September 1976 wurde am 2. Juli 1977 der Pferdebahnbetrieb aufgenommen. Ab 1989 wurde auch ein Akku-Wagen eingesetzt, der seit 1991 den gesamten Betrieb bestreitet.

Auf der Strecke der Museumsstraßenbahn in Klagenfurt fährt am 8. August 1999 die Pferdebahn mit Wagen 121.

Bahnhofsskizzen

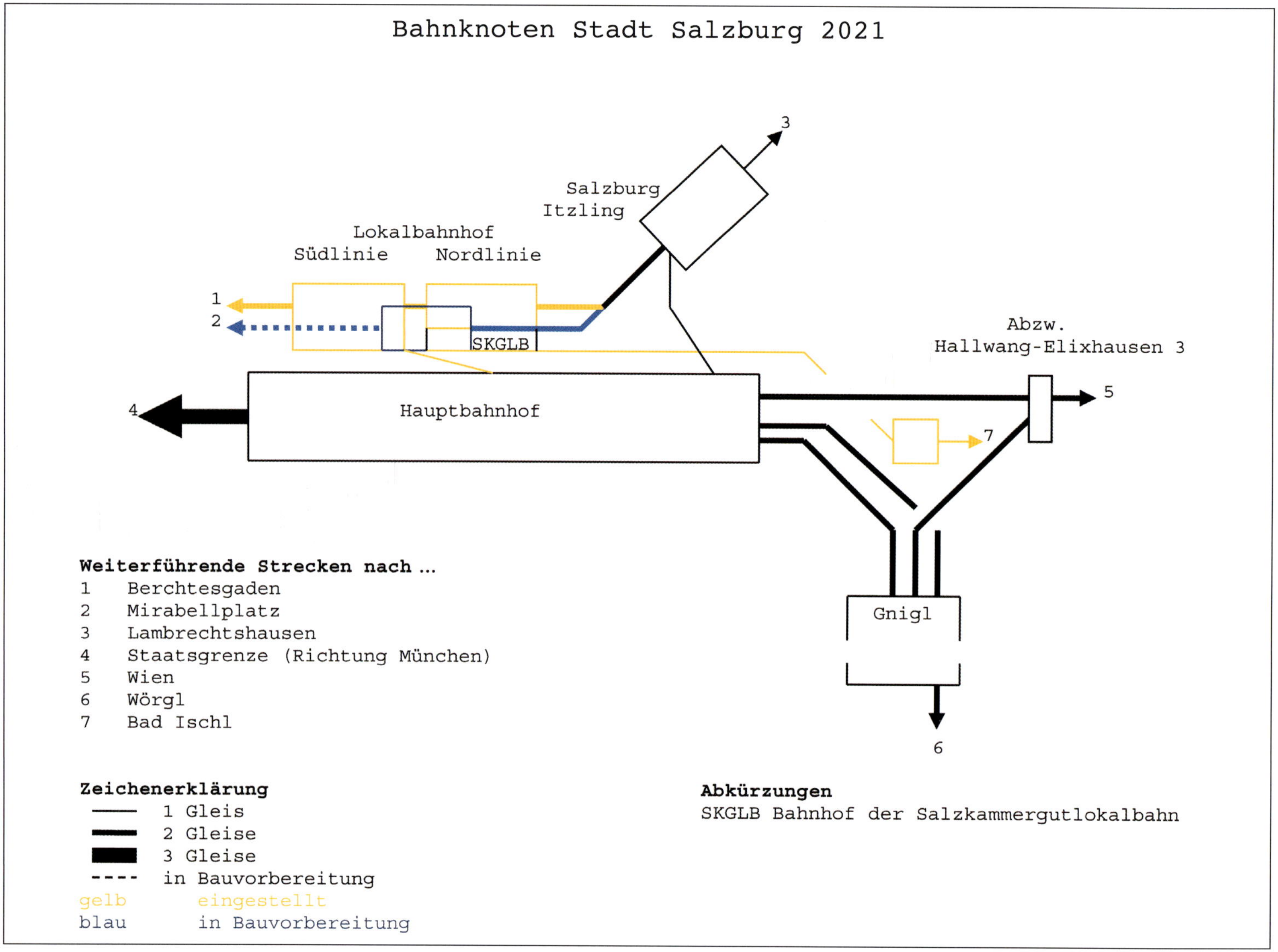

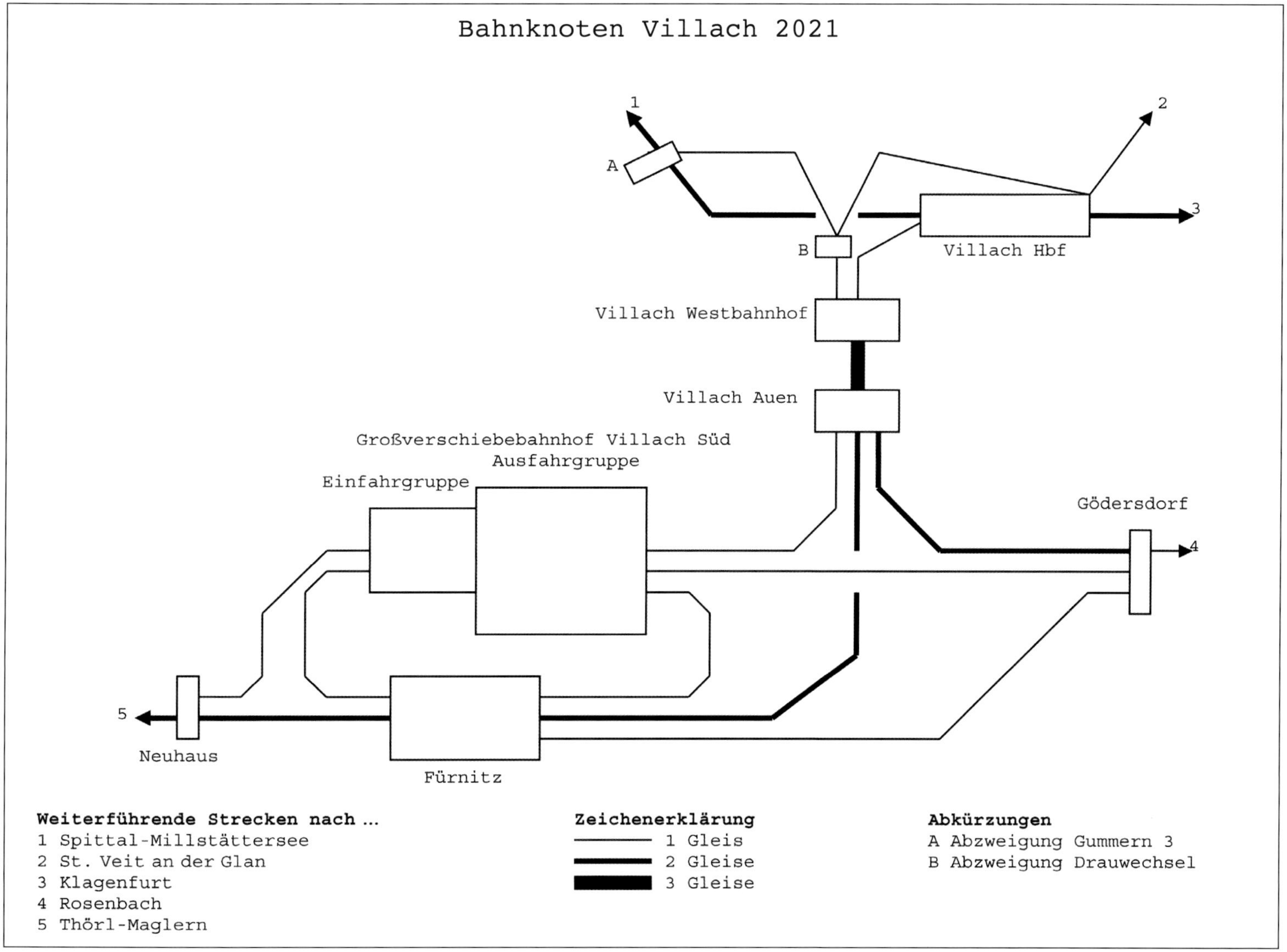
Bahnknoten Villach 2021
1
2
3
A
B
Villach Hbf
Villach Westbahnhof
Villach Auen
Großverschiebebahnhof Villach Süd
Ausfahrgruppe
Einfahrgruppe
Gödersdorf
4
5
Neuhaus
Fürnitz
Weiterführende Strecken nach ...
1 Spittal-Millstättersee
2 St. Veit an der Glan
3 Klagenfurt
4 Rosenbach
5 Thörl-Maglern
Zeichenerklärung
1 Gleis
2 Gleise
3 Gleise
Abkürzungen
A Abzweigung Gummern 3
B Abzweigung Drauwechsel

Bahnknoten St. Veit an der Glan 2021

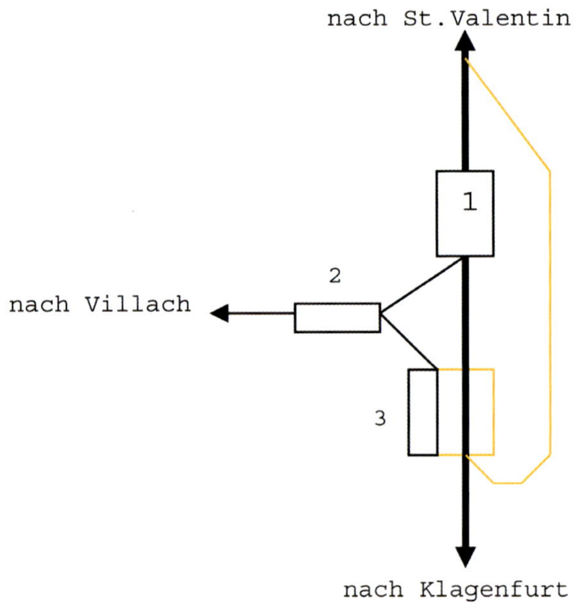

Bahnhöfe
1 St. Veit an der Glan (seit 1912)
2 St. Veit an der Glan Westbahnhof
3 St. Veit an der Glan Verschiebebahnhof (ab 1912 Verschiebebahnhof, seit 1990 aufgelassen, nur mehr Abstellgleise)

Zeichenerklärung
——— 1 Gleis
——— aufgelassen
▬▬▬ 2 Gleise

Register der abgebildeten Lokomotiven

Ortsregister zu den Abbildungen

Bildnachweis

Kurt Feuerfeil: Titelbild, 14, 18, 28, 30, 31, 32, 33 unten, 34, 36, 40 unten, 42, 44 unten, 51, 53 oben, 53 unten, 64 oben, 64 unten, 65, 66, 69, 70 unten, 85, 89, 98, 99 unten, 108 unten, 116, 118; Ernst Lassbacher: 110, 123, 127; Mag. Pharm. Alfred Luft: 15, 19, 21, 25, 41, 47, 52, 57, 78 oben, 78 unten, 80, 83, 108 oben, 109, 125, 126 oben, 126 unten; Dipl.-Ing. Gerhard Luft: 60, 63, 96, 100, 114; Harald Navé, Archiv Verband der Eisenbahnfreunde: 20, 23, 24, 29, 33 oben, 43 unten, 44 oben, 48, 49, 54, 56, 58, 62, 70 oben, 73 oben, 73 unten, 74, 75, 79 oben, 81, 88, 94, 99 oben, 103, 104, 105, 113 unten, 117; Gunter Mackinger: 79 unten; Peter Schmied: 55, 119; Walter Stramitzer: 95; Ing. Peter Wegenstein: 8 oben, 8 unten, 17, 35 oben, 35 unten, 40 oben, 43 oben, 45, 71, 84, 90, 91, 93, 102, 107, 112, 113 oben, 120.